Was mache ich wann — im Gemüsegarten?

Bild für Bild durchs Gemüseleben

OTMAR DIEZ

KOSMOS

Inhalt

Basiswissen Gemüsegarten

Wer sich entschlossen hat, Gemüse anzubauen, der hat zu Beginn meist viele Fragen und stößt immer wieder auf Begriffe, die zunächst für Verwirrung sorgen.

GRUNDLEGENDE GEDANKEN

Bevor du voller Euphorie und Tatendrang an die Anlage eines Gemüsegartens gehst, solltest du dir einige grundlegende Gedanken machen:

- Wo ist der ideale Platz für die Beete?
- Wie sind der Zustand und die Fruchtbarkeit deines Bodens?
- Ist es sinnvoll, das Gemüse selbst auszusäen oder kannst du die Pflanzen vorgezogen kaufen?
- Welche Gemüsearten möchtest du anbauen?
- Welche Pflanzen kann man zusammenpflanzen und welche nicht?
- Wie lassen sich die Beete optimal ausnutzen?

WAS IST WANN ZU TUN?

Diese Frage wird für die einzelnen Gemüsearten beantwortet. Daneben geht es um Mischkultur, Fruchtwechsel, Mulchen, Düngung und lästige Schädlinge.

Der beste Platz für Gemüsebeete

Die meisten Menschen können nicht aus einer Vielzahl von Möglichkeiten auswählen, wenn sie ihren Garten planen. Die Lage ergibt sich in der Regel aus den örtlichen Gegebenheiten.

OPTIMALER STANDORT

Bestenfalls liegt der Garten nahe am Haus, es gibt Wasser zum Gießen, die Beete bekommen genügend Licht und liegen zur optimalen Ausnutzung des Sonnenlichtes in Nord-Süd-Richtung. Von Hecken und großen Bäumen sollte der Gemüsegarten möglichst weit entfernt sein, da diese Gehölze ein weitreichendes Wurzelsystem sowie einen hohen Wasser- und Nährstoffbedarf haben.

Klassisches Beet

DIE PERFEKTE BEETGRÖSSE

Damit man das Beet von beiden Seiten gut bearbeiten kann, sollte seine Breite zwischen 1 und 1,20 m betragen – bei beliebiger Länge.

BEETFORMEN

Im Laufe der letzten Jahre sind ganz verschiedene Beetformen entstanden.

Normales Beet: Der Klassiker! Seit Jahrtausenden bauen die Menschen ihr Gemüse auf einem ebenen Boden an. Diese Anbauweise setzt voraus, dass man sich gut bewegen bzw. bücken kann und möchte!

Früh- und Spätbeet: Wer schon frühzeitig im Jahr oder bis in den Winter hinein Gemüse anbauen möchte, kommt nicht umhin, seine Pflanzen entsprechend zu schützen. Die Auswahl reicht von einfachen Folientunneln bis zu aufwendigen, teuren Aluminiumkonstruktionen. Manche lassen sich schnell auf- und abbauen, andere stehen das ganze Jahr an Ort und Stelle.

Hügelbeet: Diese Beete entstehen, indem mehrere Schichten organischen Materials übereinander gebaut werden. Von unten nach oben schichtet man zerkleinerte Strauch- und Staudenabschnitte, Rasensoden, eine Laub- oder Strohschicht, Mist und obenauf eine Mischung aus Gartenerde und Kompost. In den ersten Jahren sind besonders Starkzehrer für solche Beete geeignet. Im Laufe der Zeit senkt sich der Hügel durch die fortschreitende Verrot-

Frühbeet mit Folientunnel

Hügelbeet

tung immer mehr. Letztendlich steht das Gemüse so auf einem äußerst fruchtbaren Kompostplatz – die entstehende Verrottungswärme kommt dem Pflanzenwachstum zusätzlich zugute. Bewährt hat sich hierfür eine Beetbreite von 1,50 m.

Hochbeet: Für rückenschonendes Gärtnern oder wenn man einen extrem schlechten Gartenboden hat, ist diese Anbauform äußerst beliebt. Der Aufbau eines Hochbeetes ist der gleiche wie bei einem Hügelbeet, allerdings werden die Seiten mit Holz, Stein, Stahl oder Kunststoff eingefasst. Natürlich setzt sich auch beim Hochbeet der Boden ständig nach unten ab und sollte bei Bedarf nachgefüllt werden.

Rahmenbeet: Bekannt aus dem Palettenbau sind klappbare Holzrahmen. Im Handel sind diese meist 1,20 x 0,80 m groß und daher zum Anbau von Gemüse etwas klein. Da man die Klappenscharniere auch einzeln kaufen kann, lassen sich die Beete nach den persönlichen Wünschen gestalten. Ich nutze Rahmen aus Lärchenholz in einer Größe von 1,50 x 1 m.

Hochbeet

EIN PASSENDER ABDECKRAHMEN ERLAUBT IN KÜRZESTER ZEIT, JEDE BELIEBIGE BEETFORM ZU BAUEN. DIE MÖGLICHKEIT IM BEDARFSFALL SEIN GEMÜSE VOR FROST ZU SCHÜTZEN, IST DIE VORAUSSETZUNG FÜR DEN GANZJÄHRIGEN ANBAU.

Rahmenbeet

Fruchtbarer Boden – die Grundlage

Für gutes Gemüsewachstum sind die Bodeneigenschaften und die Fruchtbarkeit von entscheidender Bedeutung. Dafür solltest du die Erde etwas genauer anschauen.

Bodenprobe

Durchwurfsieb: praktisch

Fruchtbare und humushaltige Böden sind belebt und locker. Hier sieht man schon mit bloßem Auge unzählige Kleintiere und Regenwürmer. Ein feinkrümeliger Boden mit einem hohen Humusanteil schafft optimale Bedingungen für die verschiedensten Gemüsearten.

BODENPROBE

Sehr zu empfehlen ist es, zu Beginn der Beetanlage eine Bodenprobe zu entnehmen und im Labor (siehe S. 124) analysieren zulassen. Diese Proben sind nicht teuer und liefern konkrete Werte über die Nährstoffversorgung. Erst das Ergebnis zeigt dir, ob dein Boden vielleicht einen Mangel hat oder jetzt schon überversorgt ist. Im Gartenfachhandel gibt es fertige Sets und Bodentester, mit denen du selbst einige Bodenparameter wie den pH-Wert, die Bodentemperatur und die Lichtintensität bestimmen kannst.

SCHLECHTE BÖDEN

Besonders nach Bauaktivitäten sind Böden stark verdichtet und oft mit Steinen oder Wurzelteilen verunreinigt. Hier gilt es zunächst den Boden tiefgründig umzugraben oder mit einer Fräße zu lockern. Steine, Wurzelteile oder sonstige Verunreinigungen lassen sich wunderbar mit einem Durchwurfsieb trennen (Maschenweite 14 bis 20 mm). Übrig bleiben nur die feinkrümeligen Bodenteile. Je mehr Aufwand du zu Beginn auf dich nimmst, umso einfacher hast du es auf Dauer. Ein Arbeitsaufwand, der sich nachhaltig lohnt.

VERSCHIEDENE BODENARTEN

Man unterscheidet Ton-, Lehm- und Sandböden sowie verschiedene Mischformen. Für eine Einschätzung der Bodenverhältnisse, kannst du eine Handvoll deines Bodens zu einer kleinen Kugel formen:

1. Aus Lehmboden kann man lockere Kugeln bilden. Drückt man sie zusammen, zerfallen sie leicht.

2. Tonböden können bei Trockenheit zu sehr festen Erdklumpen zusammenbacken.
3. Boden mit hohem Sandanteil kannst du nicht zu einer Kugel formen.

Zu den fruchtbarsten Böden zählen leicht sandige und feinkrümelige Lehmböden. Je nachdem, wie die Bodenbeschaffenheit ist, kannst du fehlende Bestandteile dazugeben. Beispielsweise kannst du schwere Lehmböden durch die Zugabe von Sand erheblich verbessern, zu sandige Böden durch die Zugabe von Lehm.

KOMPOST

Kompost eignet sich ideal, um dem Boden immer wieder neue Nährstoffe zur Verfügung zu stellen. Kompostbehälter kannst du entweder selbst bauen oder in den verschiedensten Ausführungen kaufen. Sehr schnell geht die Umwandlung von organischen Abfällen in Schnellkompostern. Wichtig ist, dass du unterschiedliche Materialien einbringst und die Möglichkeit hast, fertigen Kompost zu entnehmen. Dass die Rotte einer Schicht abgeschlossen ist, erkenne ich immer daran, dass die allermeisten Würmer aus dieser Schicht in neu hinzugegebene Pflanzenteile abgewandert sind, um dort ihre Arbeit zu verrichten. Verteile im Frühjahr oder Herbst, je nachdem ob Schwach-, Mittel- oder Starkzehrer auf dem Beet wachsen, 2 bis maximal 4 l Kompost pro Quadratmeter auf deinen Beeten und grabe ihn leicht ein.

SEIT VIELEN JAHREN GRABE ICH DEN GARTENBODEN NICHT MEHR UM. DIESER WIRD MIT EINER GRABEGABEL LEDIGLICH DURCH HIN- UND HERBEWEGEN GELOCKERT UND DER KOMPOST MIT EINEM RECHEN EINGEARBEITET.

TERRA PRETA – WUNDERERDE DURCH PFLANZENKOHLE

In den letzten Jahren wurde die schwarze Wundererde Terra Preta in Gartenkreisen immer bekannter. Erstmalig gefunden wurde dieser äußerst fruchtbare Boden im Amazonas. Das Besondere ist der Anteil von Pflanzenkohle mit einer außergewöhnlichen hohen Speicherfähigkeit. Diese Kohle kann man kaufen (sie ist nicht teuer) und auf neu aufgebrachtes Material auf dem Komposthaufen streuen. So werden die Nährstoffe im Kompost besser gespeichert und später im Garten langsam über einen längeren Zeitraum den Pflanzen zur Verfügung gestellt.

Bodenarten

Reifer Kompost

Beetplanung & Anzucht

Bevor es an das Säen oder Pflanzen geht, stellen sich die Fragen: Was möchtest du anbauen, willst du die Pflanzen selbst ansäen und was wird wann ausgesät oder gepflanzt?

ANBAUPLAN

Die Grundlage, sowohl für die Anlage als auch die Bepflanzung der Beete, sollte ein entsprechender Plan sein, den man am sinnvollsten in den Wintermonaten erstellt. Eine maßstabgetreue Skizze kannst du relativ einfach mit Millimeterpapier anfertigen. Die Planung der Beete sollte vor allem beinhalten, welche Gemüsearten auf welches Beet kommen, wann dafür der beste Zeitpunkt ist, ob Vor- oder Nachfrüchte angebaut werden und welche Nachbarpflanzen passen. Anhand der Pflanzabstände lässt sich leicht die Anzahl der benötigten Pflanzen errechnen. Alle Informationen, die du hierfür benötigst, findest du im Buch direkt bei der jeweiligen Gemüseart und auf der großen Tabelle ganz hinten in der Klappe.

GARTENCENTER, GÄRTNEREIEN UND MÄRKTE

Ab Anfang März findest du bereits eine große Auswahl an Gemüsepflanzen in Gärtnereien und auf Wochenmärkten. Mittlerweile werden die kleinen Pflanzen in Bioqualität und manchmal sogar besondere oder historische Sorten angeboten. Schon im Winter kannst du dich informieren und Samen bestellen (Adressen, siehe

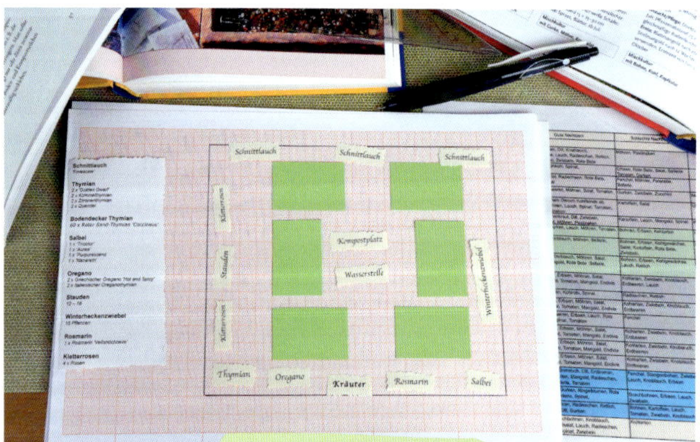

Gartenplan

Pflanzenkauf

S. 124). Je früher im Jahr du mit der Voranzucht anfängst, umso notwendiger ist die weitere Kultur im geschützten Gewächshaus. Auf vielen Samentüten liest du den Hinweis „F1". Diese Sorten stammen aus einer Kreuzung zwei verschiedener Elternsorten – mit dem Ziel, bestimmte Eigenschaften der zwei Sorten zu vereinen. Der Nachteil ist, dass diese positiven Merkmale nicht in den Samen bestehen bleiben, die Sorten sind nicht samenfest. Den Samen zu ernten und selbst auszusäen, macht daher keinen Sinn.

PFLANZEN SELBST ZIEHEN

Die Vorteile der eigenen Pflanzenanzucht liegen auf der Hand. Man kann auf eine enorme Auswahl an Saatgut in Bioqualität zurückgreifen, die Aussaat seltener oder regionaler Sorten ist möglich und man hat immer genügend Pflanzen vor Ort. Wichtig für die Voranzucht: ein Platz in der Wohnung oder ein Gewächshaus, geeignete Gefäße, nährstoffarme Aussaaterde und der ideale Zeitpunkt. Zur Anzucht von Gemüse eignen sich unterschiedliche Behältnisse: Vom Joghurtbecher bis zum Minigewächshaus ist die Auswahl riesig. Ich bevorzuge spezielle Anzuchtschalen, die mit einer Wasserschale verbunden sind. So muss ich nicht jeden Tag gießen und die Wurzeln der Pflanzen wachsen prächtig. Die Aussaatzeit beginnt ab Ende Februar mit Tomaten und Paprika. Je nachdem, ob es sich um Dunkel- oder Lichtkeimer handelt, werden die Samen mit Erde bedeckt oder nicht.
Leider passiert es häufig, dass die jungen Pflänzchen nach der Keimung zu schnell in die Höhe wachsen und sehr dünne und gebrechliche Stiele entwickeln. Der Grund ist das noch fehlende Tageslicht und die warme Raumtemperatur. Dies kannst du vermeiden, wenn die Pflänzchen nach dem Keimen kälter gestellt werden und ggf. eine entsprechende Pflanzenlampe für genügend Licht sorgt.

HELL ODER DUNKEL?

Lichtkeimer: Die feinen Samen dürfen bei der Aussaat nicht mit Boden bedeckt werden. Sie werden nur leicht angedrückt und vorsichtig angegossen.

Dunkelkeimer hingegen werden mit Erde bedeckt – die Erdschicht sollte etwa doppelt so dick sein wie das Samenkorn. Sie benötigen zur Keimung Dunkelheit und natürlich auch Wasser. Die Aussaaterde darf nicht austrocknen.

Selbst aussäen

Pflanzenanzucht

Aussaat & Pflanzung direkt ins Beet

Nach der langen Winterzeit ist es nun endlich so weit: Ab Anfang März kannst du mit den ersten Aussaaten draußen beginnen.

Aussaat-Zubehör

WAS WIRD BENÖTIGT?

Zur Aussaat gibt es günstige Saathilfen, die verhindern sollen, dass zu viel Saatgut gesät wird. Dies ist in der Tat die größte Schwierigkeit beim Säen. Nützlich finde ich Saathilfen aus Holz mit einem Maßstab. Sie haben den Vorteil, dass die Samen oder Pflanzen im richtigen Abstand in den Boden kommen. Damit alles gerade wird, kann eine Pflanzschnur wunderbare Dienste leisten. Mit einem Setzdorn (ein Holzstab geht auch) kannst du leicht die Pflanzlöcher herstellen. Nach dem Säen oder Pflanzen darf natürlich das Angießen nicht vergessen werden.

DIREKTAUSSAAT

Wenn du die Möglichkeit hast, für einen Frostschutz zu sorgen, kannst du bereits Anfang März mit der Ansaat oder dem Auspflanzen im Freien beginnen. Hierfür eignen sich zum Beispiel Radieschen, Spinat, Salat und Möhren.
Zur direkten Aussaat in den Boden ziehst du eine kleine Rille. Bevor die Samen in den Boden kommen, solltest du die Saatrinne wässern. Vorsichtig sät man nun das Saatgut möglichst im richtigen Abstand der späteren Pflanzen. Bei sehr feinem Saatgut ist es ratsam, etwas trockenen Sand unterzumischen, um das Saatgut gleichmäßig verteilen zu können. Die Aussaattiefe ist abhängig von der Samengröße und ob es sich um Licht- oder Dunkelkeimer handelt.

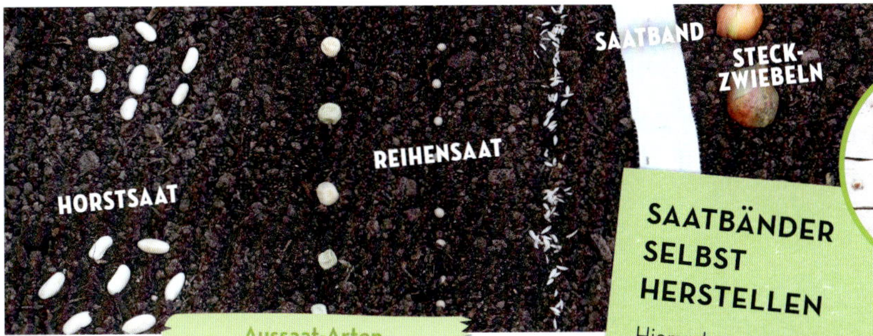

Aussaat-Arten

Salat: zum Pflanzen ausgelegt

SAATBÄNDER SELBST HERSTELLEN

Hierzu legt man Samen auf Küchenpapier-Streifen im richtigen Abstand aus und fixiert sie mit Mehlkleister. Obenauf kommt ein weiterer Streifen Küchenpapier. So kann man wunderbare Pflanzenkombinationen zusammenstellen, die gemeinsam wachsen sollen. Besonders Kindern macht die Herstellung von Saatbändern viel Spaß!

Saatbänder

Diese Bänder gibt es mittlerweile schon für viele Gemüsearten. Sie bestehen aus verrottbarem Material, in dem die einzelnen Samen im perfekten Abstand eingearbeitet wurden. Man zieht wieder die Saatrinne und legt das Band hinein. Wenn man allein arbeitet, hat es sich bewährt, auf eine Seite einen kleinen Stein zu legen, damit die leichten Bänder nicht ständig hochwirbeln. Vorsichtig angießen, mit Erde verschließen und nochmals wässern. Fertig!

Pillensaat

Hier sind die einzelnen Samen mit einer Füllmasse aus organischem Material ummantelt, allerdings können auch Dünger und Pflanzenschutzmittel zugemischt sein. Die Samen lassen sich so besser gezielt in den richtigen Abständen aussäen.

Horstsaat

Die Horstsaat wird bei Bohnen angewendet. Kreisförmig werden fünf bis acht Samenkörner direkt in eine Mulde in das Erdreich bzw. bei Stangenbohnen um den Kletterstab gesät.

JUNGPFLANZEN SETZEN

Kauft man junge Pflänzchen, sind diese meistens in Presserde vorgezogen. Bei den allermeisten Gemüsearten ist es besser, nur zwei Drittel des Ballens in die Erde einzupflanzen und ein Drittel über der Erde zu lassen. Das hat viele Vorteile:

- Das Gemüse oder der Salat liegt nicht direkt auf dem Boden auf.
- Man kann einfacher mulchen.
- Die Pflänzchen trocknen nach dem Gießen wieder leichter ab.
- Gemüse oder Salat lassen sich sauber und ohne anhängende Erde ernten.

HABEN ALLE GENUG PLATZ?

Zu dichtes Säen und Pflanzen ist ein häufiger Fehler. Halte dich besser an die Pflanzabstände (siehe hintere Buchklappe). Stehen die kleinen Pflänzchen trotzdem zu nahe beieinander, bleibt nichts anderes übrig, als sie auf den richtigen Abstand auszudünnen. Zu eng stehende Sämlinge können sich nicht ausreichend entwickeln und bleiben klein.

Fruchtfolge & Mischkultur

Wer in seinem Garten optimale Voraussetzungen für gesundes und üppiges Gemüse schaffen möchte, kommt um Fruchtfolge und Mischkultur nicht herum.

Rote Bete – Mittelzehrer

FRUCHTFOLGE

Pflanzt man innerhalb einer Saison nacheinander unterschiedliche Gemüsearten auf ein Beet, wird das als Fruchtfolge bezeichnet. Baut man auf einer Fläche in aufeinanderfolgenden Jahren verschiedene Arten an, so spricht man von Fruchtwechsel. Warum ist das wichtig? Pflanzen haben ganz unterschiedliche Nährstoffansprüche an den Boden. Während die einen den Boden stark „auszehren", machen das andere eher weniger. Deshalb werden die Pflanzen gern als Stark-, Mittel- oder Schwachzehrer bezeichnet:

NÄHRSTOFFBEDARF

Starkzehrer benötigen während der Wachstumsphase besonders viele Nährstoffe, vor allem Stickstoff. Zu dieser Gruppe gehören z.B. die Kohlarten, Kartoffeln, Lauch, Gurken, Zucchini, Kürbis, Tomaten, Sellerie und die meisten Rübenarten.

Schwachzehrer benötigen wenig Stickstoff. Das sind z.B. die meisten unserer Kräuter, Bohnen, Erbsen, Radieschen, Salate, Feldsalat und Zwiebeln.

Mittelzehrer liegen mit ihren Ansprüchen dazwischen, z.B. Kohlrabi, Rote Bete, Lauch oder Mangold.

Mit einer überlegten und geschickten Planung – im 1. Jahr Stark-, im 2. Jahr Mittel-, im 3. Jahr Schwachzehrer – kann man verhindern, dass die Erde zu stark ausgelaugt wird. So bekommen die jeweiligen Gemüsepflanzen genau die Nährstoffversorgung, die sie für ein optimales Wachstum brauchen.

MISCHKULTUR

Das bewusste Kombinieren unterschiedlicher Gemüsearten in unmittelbarer Nachbarschaft, kann das gesunde Wachsen und Gedeihen der einzelnen Pflanzen fördern sowie bestimmte Schädlinge fernhalten.
Letztendlich sind es Stoffwechselprodukte der einzelnen Pflanzen, die das Wachstum der Nachbarn beeinflussen. Ein weiterer Vorteil von Mischkulturen ist, dass gleiches Gemüse nicht in allzu großen Mengen auf einem Beet vorkommt und man somit einer Massenvermehrung der Schädlinge, die sich auf

Mischkultur: Bohnen und Salat

HARMONIE IM BEET: STANGENBOHNEN UND SALAT

Damit sich Stangenbohnen, die schnell in die Höhe wachsen, prächtig entwickeln, kannst du verschiedene Salate, aber auch Kohlrabi, Sellerie, Bohnenkraut, Kresse, Rote Bete, Dill, Rüben, Tagetes oder auch Ringelblumen dazupflanzen. So vertreiben z.B. Tagetes Läuse und die Schwarze Bohnenlaus, und das Bohnenkraut zusätzlich noch die Bohnenfliege. Ungeeignet sind dagegen alle Arten aus der Familie der Zwiebelgewächse, Buschbohnen und Erbsen.

WIE BEI UNS MENSCHEN IST ES AUCH AUF DEN GEMÜSEBEETEN: DIE EINEN LIEBEN SICH, DIE ANDEREN KÖNNEN SICH GAR NICHT LEIDEN. DIE RICHTIGE MISCHUNG BRINGT ALSO DEN ERFOLG.

einzelne Gemüsearten spezialisiert haben, entgegenwirkt.
Hinzu kommt, dass man dank der unterschiedlichen Wuchsformen und Platzbedürfnisse eine optimale Ausnutzung der zur Verfügung stehenden Fläche erreichen kann. So ist es beispielsweise sinnvoll, unter überhängendem Grünkohl kleineren Endivien- oder Feldsalat zu pflanzen oder Petersilie unter Tomaten zu setzen.
Man teilt die Gemüsearten gern in gute und schlechte Nachbarn ein. So verträgt sich z.B. Kopfsalat perfekt mit Buschbohnen, Dill, Erbsen, Fenchel, Gurken und Karotten. Dagegen wächst er weniger gut neben Kohlarten, Petersilie oder Sellerie. Zur Planung der Gemüsebeete ist die große Übersichtstabelle am Ende des Buches hilfreich. Hier sind alle guten und schlechten Nachbarn aufgeführt.

Gute Partner: Zwiebeln und Möhren

Die optimale Pflege

Das verschiedene Gemüse hat unterschiedliche Ansprüche an Wasserversorgung, Düngung und Pflanzenstärkung. Je besser wir unsere Pflanzen pflegen, umso gesünder bleiben sie.

RICHTIG GIESSEN

Grundsätzlich solltest du beim Gießen nur den Boden um die Pflanze herum wässern und nicht die ganze Pflanze von oben gießen. Werden Pflanzenblätter nass und können nicht zügig abtrocknen, kann dies leicht zu Pilzerkrankungen führen. Die beste Zeit zum Wässern ist am frühen Morgen oder nicht zu spät am Abend. Tabu ist dagegen die pralle Mittagssonne, da es zu dieser Zeit schnell zu Verbrennungen an den Pflanzen kommt. Viele Gärtner gießen zu oft und zu wenig. Besser ist es, eher seltener, dafür aber so intensiv zu gießen, dass die Pflanzenwurzeln in der Tiefe wirklich genügend Wasser abbekommen.
Zum Gießen eignen sich neben Gießkanne und Gartenschlauch natürlich auch gesteuerte Bewässerungssysteme. Diese haben den großen Vorteil, dass zielgerichtet in der erforderlichen Menge und nur im Wurzelbereich gewässert wird und das alles zu den gewünschten Zeiten. Wenn du die Möglichkeit hast, Regenwasser zu sammeln, solltest du dies tun. Das spart kostbares Trinkwasser. Zudem lieben unsere Pflanzen kalkfreies, weiches Wasser. Der Säuregrad sowie die Nährstoffkonzentration im Boden werden dadurch kaum verändert.

Direkt im Wurzelbereich gießen

Früchte und Blätter sollten nicht nass werden.

EINMAL HACKEN SPART DREIMAL GIESSEN!

So heißt ein alter Gärtnerspruch. Wenn die Bodenoberfläche nicht regelmäßig gelockert wird, verkrustet diese und wird so hart, dass auftreffendes Wasser nicht eindringen kann und an der Oberfläche abfließt. Aber sei vorsichtig! Lockere den Boden nur behutsam an der Oberfläche und keinesfalls zu nahe an den Pflanzen, damit die zarten Wurzeln nicht beschädigt werden.

DÜNGEN IM GARTEN

Hierzu eignen sich neben Kompost auch Stein- oder Hornmehl, Rinderdung oder Mist, Kalk und Urgesteinsmehl. Diese organischen Dünger bekommst du im Gartenfachhandel bzw. im Internet. Pflanzenjauchen oder Dünge-Smoothies kannst du leicht selbst herstellen.

Relativ neu im Garten ist die Verwendung Effektiver Mikroorganismen (EM). Dabei handelt es sich um eine Flüssigkeit, die Milliarden von Milchsäurebakterien, Fotosynthesebakterien und Hefen enthält. EM helfen dabei, das Bodenmilieu positiv aufzubauen und die Umwandlung von organischem Material in Humus zu beschleunigen. Pathogene Keime und Fäulnisprozesse, welche besonders die Schnecken lieben, werden verdrängt. Man gibt ca. alle vier Wochen und nach dem Ausbringen von Mulch, 200 ml der EM in 10 l Wasser (Gießkanne) und gießt damit an einem bedeckten Tag Pflanzen und Boden bzw. die Mulchschicht.

Nicht bei Sonnenschein anwenden, da die Wassertropfen wie Linsen wirken und die Blätter Verbrennungen erleiden würden.

Bokashi heißt aus dem Japanischen übersetzt „fermentiertes Allerlei“ und ist ebenfalls ein biologischer Dünger. Du kannst entweder fertige Pellets zum Düngen kaufen oder auch deine Küchenabfälle mit einem speziellen Eimer und unter der Verwendung von EM fermentieren.

Pflanzenjauche

PFLANZENJAUCHE ANSETZEN

Man füllt ein 10-l-Gefäß aus Kunststoff oder Holz bis zur Hälfte mit Brennnessel- und/oder Beinwellblättern, gießt mit Wasser auf und lasst das Ganze abgedeckt mindestens eine Woche fermentieren, bis keine Schaumbildung mehr zu sehen ist. Täglich umrühren. Nach dem Absei-hen kannst du daraus eine Mischung aus 1 l Jauche und 9 l Wasser herstellen und damit Starkzehrer wie Tomaten (aber noch keine Jungpflanzen!) im Wurzelbereich düngen.

MULCHEN

Mulchen ist nichts anderes, als das Leben aus den Wäldern in unseren Gärten nachzubilden. Das Bedecken des Gartenbodens mit organischem Mulchmaterial hat zahlreiche Vorteile:

- Die Sonne kann den Boden nicht mehr direkt bestrahlen und somit trocknet er weniger schnell aus. Wir müssen weniger gießen.
- Die Verrottungsgwärme kommt sofort den Pflanzen zugute.
- Beikräuter können in einer Mulchschicht schlechter keimen.
- Kleinstlebewesen, Mikroorganismen, Bakterien und unzählige Regenwürmer verwandeln die Mulchschicht innerhalb weniger Wochen zu Humus. Der Boden bleibt durch diese Aktivitäten locker und es gibt keinen Grund, diesen immer wieder umzugraben.
- Alle zerkleinerbaren Garten- und Gemüseabfälle sowie Rasenschnitt müssen nicht entsorgt werden, sondern können in einem geschlossenen Kreislauf wieder dem Boden zugeführt werden. Achtung: Blätter von Brennnessel, Giersch und Löwenzahn sind kein Problem und bestens geeignet. Die gleichen Pflanzen mit Samen oder Wurzelteilen dagegen würden zur Massenvermehrung im Garten führen. Nicht geeignet für das Mulchen der Beete sind außerdem Pflanzenteile mit Schädlingen oder Laub.

Freie Beetfläche wird bis zu 3 cm dick gemulcht.

Nährstoffreicher Dünge-Smoothie

DÜNGE-SMOOTHIE

Beim Ansetzen von Pflanzenjauchen kommt es in der Regel zu unangenehmen Gerüchen. Mit einem Smoothie aus Brennnessel, Beinwell und Co. kann man denselben Düngeeffekt erreichen. Hierbei befüllt man etwa die Hälfte eines Mixers mit Blättern und gibt Wasser dazu. Gut durchmischen und 1 l des Dünge-Smoothies zu 9 l Wasser in eine Gießkanne geben und damit den Wurzelbereich düngen. Das geht einfach und ist nahezu geruchlos. Probiere es einfach mal aus!

Vom Gartenabfall zum Mulchmaterial

MULCHMATERIAL HERSTELLEN

Eine einfache und effektive Möglichkeit ist es, mit einem Rasenmäher über die zuvor gesammelten Garten- und kleineren Strauchabfälle zu fahren. Schnell wird so ein größerer Haufen Bioabfall zerkleinert und nun als Mulchmaterial nutzbar. Je kleiner die Teile sind, je größer ist die Angriffsfläche für Bakterien, die sofort mit der Umwandlung in Humus beginnen.

Millimeter für Millimeter wird Humus aufgebaut und dein Garten wird immer fruchtbarer. Was will man mehr?

So wird gemulcht: Bringe lieber öfter und nur bis zu 3 cm dick das Mulchmaterial um die Pflanzen herum aus, am besten machst du das vorsichtig mit der Hand. Bei dieser Schichtdicke kannst du auch getrost feuchten Rasenschnitt verwenden. Denn dieser wird an einem warmen und sonnigen Tag innerhalb weniger Stunden bis auf die Hälfte zusammensacken. Wenn sich in deinem Garten schon ein funktionierendes Bodenleben eingestellt hat, wird eine Mulchschicht in kurzer Zeit in Humus umgewandelt. Dann bringst du die nächste Schicht auf. Ziel sollte es sein, dass der Boden möglichst immer bedeckt ist.

Du kannst die Beete auch mulchen, bevor du pflanzt oder säst, dann musst du nur in der Mulchschicht eine freie Fläche oder freie Saatreihen ziehen. Dort hinein wird die Gemüsejungpflanze gesetzt oder das Saatgut gelegt. Achte darauf, dass diese Reihe zunächst frei bleibt, damit die Samen keimen können!

MIT JEDER NEUEN MULCHSCHICHT WIRD HUMUS IN DEINEM GARTEN AUFGEBAUT.

Jätschlinge

Rankhilfe für Erbsen

JÄTEN

Zu den immer wiederkehrenden Pflegemaßnahmen gehört es, zwischen dem Gemüse Beikräuter wie Vogelmiere, Löwenzahn oder Franzosenkraut zu jäten. Für diese Arbeit gibt es ganz unterschiedliche Gartenwerkzeuge. Ich nutze seit Jahren mit Begeisterung für größere Flächen und wenn es der Platz erlaubt eine Pendelhacke. Sind die Beete schon dicht bewachsen, erfüllt eine Jätschlinge bestens diese Aufgabe. Diese beiden Geräte haben den enormen Vorteil, dass man mit einem Arbeitsgang die Beikräuter entfernen und gleichzeitig den Boden lockern kann, ohne die Nachbarpflanzen zu schädigen.

ANBINDEN UND STÜTZEN

Manche Gemüsesorten benötigen unsere Hilfe, damit sie in die Höhe wachsen. Hierzu befestigt man sie an Pfählen, Rankgittern oder Stangen:

Tomaten kannst du mit kleinen Schnüren an Stangen oder Stäben festbinden oder du kannst mit Kunststoffclips arbeiten. Diese haben einen kleinen Schnappverschluss, der schnell geschlossen und im Herbst wieder geöffnet wird. Somit kannst du die kleinen Helfer über viele Jahre nutzen. In Tomatenhäusern funktioniert es prima, wenn man im Wurzelbereich und oben im Dach eine Schnur befestigt, an der sich die Pflanzen selbst nach oben ziehen kann. Das spart die Tomatenstangen und schafft mehr Beweglichkeit.

Stangenbohnen: Diese Bohnen benötigen eine Rankhilfe, damit sie bis zu 2 m in die Höhe wachsen können. Zum einen kann man jedes Jahr aus etwa 2 m langen Holzstangen eine Rankhilfe oder ein Rankzelt bauen. Eine andere Möglichkeit ist, man schaut im Handel, was es an schnell auf- und abzubauenden Systemen gibt. Der Kreativität sind keine Grenzen gesetzt. Weitere Hilfe benötigen die Bohnen dann nicht mehr. Mit ihren Ranken können sie sich wunderbar selbst festhalten.

Schlangengurken: Diese müssen entweder befestig werden, z.B. mit Clips, oder sie können einfach schräg, durch ein Rankgerüst geleitet werden.

Erbsen: Einige Erbsensorten werden bis zu 1,20 m hoch und benötigen eine entsprechende Rankhilfe. Am einfachsten verwendest du dazu Zweige von Haselnuss oder Weiden, aber auch Holzleisten, mit Schüren verbunden, erfüllen ihren Zweck und können außerdem zu einem Blickfang im Garten werden.

SCHUTZ VOR KÄLTE UND FROST

Wenn du ganzjährig Gemüse anbauen und ernten möchtest, solltest du dir rechtzeitig Gedanken über einen Frostschutz machen – für Winter und Frühjahr (bis Mitte Mai). Einige Gemüsearten wie Rosenkohl, Grünkohl oder Lauch kommen mit widrigen Wetterverhältnissen und sogar Schnee gut zurecht. Wintersalate wie Endivie und Feldsalat leiden unter dem ständigen Wechsel von Regen, Frost und Sonne. Im Frühjahr kann eine einzige Frostnacht im Mai das liebevoll gepflegte Gemüse der letzten Wochen vernichten. Deshalb ist es sehr wichtig, dass man bei entsprechenden Wetterprognosen schnell reagieren kann. Geeignet zum Frostschutz sind Vliese, Hauben und Abdeckrahmen. So geschützt kann das Gemüse die Nächte problemlos überstehen. Bitte beachte, dass bei den Terminangaben in den weiteren Kapiteln, davon ausgegangen wird, dass du in Frostphasen die Pflanzen schützen kannst.

Frostschutzhaube

WICHTIG IST, DASS DIE HAUBEN AUSREICHEND GROSS SIND UND EINE MÖGLICHKEIT ZUM LÜFTEN HABEN.

Unliebsame „Gäste“ im Garten

Einige unbeliebte und nicht eingeladene „Gäste“, die sich unerlaubt an unseren Gemüsepflanzen erfreuen, können einem die Lust an der Gartenarbeit schnell vermiesen.

Am häufigsten haben wir es im Garten mit Schädlingen wie Nacktschnecken, Weißen Fliegen, Blattläusen, Wühlmäusen, Drahtwürmern, Kohlweißlingen und Erdflöhen sowie Pilzkrankheiten wie Echtem und Falschem Mehltau zu tun. Gut, wenn du auf die plötzliche Invasion vorbereitet bist bzw. schon zuvor entsprechende Abwehrmechanismen angewendet hast.

Weiße Fliege

Spanische Wegschnecke

SCHNECKEN

Wir sprechen hier von der Spanischen Wegschnecke, einer Nacktschnecke, die im Übrigen 1969 erstmalig in Deutschland gefunden wurde. Sie ernährt sich von Aas und saftigen Pflanzenteilen. Entsprechend große Gruppen können manchmal in einer Nacht alle unsere jungen Salatpflänzchen ratzeputz wegfressen. Leider gibt es keine natürlichen Feinde. Kröten, Igel und Vögel machen wegen des bitteren Schleims einen großen Bogen um die Schnecken. So kommen als Bekämpfer einer Schneckenplage aus dem Tierreich nur die Indischen Laufenten infrage. Alternative Bekämpfungsmethoden im Gemüsegarten sind Schneckenzäune, Kupferbänder, Schneckenfallen mit Lockstoff, Sägemehl, Eierschalen, und wenn das alles nicht ausreicht, ein umweltverträgliches Schneckenkorn (Eisen-III-Phosphat). Ansonsten wird man diesen Plagegeistern nur durch ständiges Absammeln Herr: Lege an einigen Stellen im Garten Bretter auf den Boden. Darunter verkriechen sich die Tiere gern, was das Einsammeln wesentlich erleichtert.

DIESE PLAGEGEISTER WERDEN ES ABER NICHT SCHAFFEN, UNS DIE FREUDE AM GÄRTNERN ZU NEHMEN.

Kartoffeln als Köder für Drahtwürmer

WEISSE FLIEGE

Ebenfalls in Massen können verschiedene Arten der 1 bis 3 mm großen Weißen Fliege (Mottenschildlaus) vorkommen. Besonders gern werden Kohlpflanzen, Tomaten, Gurken, Zucchini und Kürbis sowohl im Freien als auch im Gewächshaus befallen. Um diesen Plagegeistern vorzubeugen, kann man ihre natürlichen Feinde wie Marienkäfer, Spinnen oder Schlupfwespen durch Insektenhotels und die Anlage von Trockenmauern fördern. Sehr wirksam ist es, das Gemüse von Anfang an mit einem speziellen, engmaschigen Kulturnetz (max. 0,8 x 0,8 mm Maschenweite) zu schützen. Nach einem Befall können Spritzungen mit Neemöl (4 ml Neemöl auf 1 l Wasser) oder einer Kernseifen- bzw. Kaliseifen-Lauge helfen.

WÜHLMÄUSE

Oft entdeckt man Wühlmäuse in seinem Garten erstmalig an Erdhaufen, die Pflanzenteile und Wurzelstücke enthalten. Wühlmäuse sind reine Vegetarier, sie lieben das Knollen- und Wurzelgewebe vieler Pflanzenarten. Die beste Zeit, um Wühlmäusen nachzustellen, ist der Herbst. Es gibt nicht mehr viel Futter im Garten, weshalb die Köder, das können Teile von Möhren oder Sellerie sein, und die Fallen eher angenommen werden. Du kannst gegen diese lästigen Schädlinge auch mit Alkohol oder Brennspiritus getränkte Lappen in die Gänge legen. Weitere Möglichkeiten sind Ultraschall-Sonden und in der Nähe der Gänge gepflanzte Kaiserkronen oder Knoblauch. Wühlmäuse sind sehr geruchsempfindlich.

DRAHTWÜRMER

Bei diesen „Würmern" handelt es sich um nichts anderes als um die bis zu 3 cm langen, gefräßigen Larven des Schnellkäfers. Außergewöhnlich ist ihr schützender, gelblicher und sehr fester Chitinpanzer. Diese Larven fressen mit Vorliebe an den Wurzeln von Kartoffeln, Tomaten, Salat, Roter Bete, Möhren und Erbsen. Der Befall ist leicht an den runden Bohrlöchern bzw. den an- und abgefressen Wurzeln zu erkennen. Diese massiven Schäden führen meist zum Absterben der Pflanzen. Zur Vorbeugung solltest du die obersten Bodenschichten immer locker halten.
Da Drahtwürmer Tagetes und Ringelblumen nicht mögen, ist eine Mischkultur mit den hübschen Sommerblumen ebenfalls eine sehr gute Möglichkeit, die Larven auf Abstand zu halten.
Bei einem sichtbaren Befall gilt es keine Zeit zu verlieren. Am besten alle Larven absammeln und den Boden kräftig durcharbeiten, damit auch Larven in unteren Schichten erwischt werden. Danach können ausgelegte oder an kleinen Stäben aufgespießte Kartoffeln als Köder genutzt werden. Stecke diese einige Zentimeter tief in die Erde. Sobald sich darin Drahtwürmer zeigen, kannst du die Köder mitsamt der Beute entnehmen und entsorgen. Dankbare Abnehmer der Larven sind übrigens Hühner und einige heimische Vögel.

Kohlweißling

Erdflöhe

KOHLWEISSLING

Den Kohlweißling, es gibt den Großen und den Kleinen, kennen wohl die meisten Gärtnerinnen und Gärtner. Er lebt während des Jahres in zwei Generationen. Im Mai und Juni legt das Weibchen bis zu 100 Eier – besonders gern an die Unterseite von Wildkräutern aus der Familie der Kreuzblütler (z.B. Knoblauchsrauke, Wiesen-Schaumkraut). Schon nach 14 Tagen schlüpfen die Larven. Diese sind an ihrer gelblich-grünen Farbe leicht zu erkennen. Bei der zweiten Generation von Juli bis September werden vor allem verschiedene Kohlpflanzen wie Weißkohl, Blumen- und Rosenkohl, aber auch die Kapuzinerkresse befallen und durch die gefräßigen Raupen sehr geschädigt. Sie hinterlassen einen deutlich sichtbaren Lochfraß und mit Kot verschmutze Pflanzenteile. Zur Abwehr spielt die Mischkultur eine bedeutende Rolle: Setze die Kohlpflanzen neben Tomaten oder Sellerie. Eine weitere wirksame Maßnahme ist die frühzeitige Verwendung von Kulturnetzen und die Ansiedlung bzw. Unterstützung von natürlichen Feinden wie Schlupfwespen und Vögeln durch Nistkästen und Wasserstellen.

ERDFLÖHE

Diese nur bis zu 3 mm großen Tierchen sind keine Flöhe, sondern schwarze, flugunfähige Käfer. Oft entdeckt man die typischen Schadbilder in Form kleiner runder Löcher an Radieschen, Rettich, verschiedenen Kohlarten, Auberginen und Tomaten früher als die Käfer selbst. Bevorzugt fressen sie zartes Pflanzengewebe und was dann noch übrig bleibt, ist das Gerippe der Blätter. Sobald du die ersten Schäden feststellst, ist Eile angesagt: Erdflöhe mögen es trocken und ungestört. Genau das solltest du ihnen nicht anbieten. Halte

Kulturschutznetz

Blattläuse

Echter Mehltau

den Boden zur Vorbeugung gegen Erdflöhe immer schön feucht. Wie auch gegen andere Schädlinge ist ein sehr engmaschiges Kulturnetz oder Vlies oft die erfolgreichste Abwehrstrategie. Weitere Maßnahmen können die Mischkultur mit Spinat (in Reihen) oder die Anwendung eines Pflanzentees aus Zwiebel, Knoblauch, Rainfarn oder Wermut sein. Zur Herstellung werden 100 g frische oder 20 g getrocknete Kräuter mit 5 l heißem Wasser übergossen, über Nacht ziehen lassen und anschließend unverdünnt und nicht bei Sonnenschein auf Pflanzen und Beete spritzen. In Gewächshäusern kannst du auch Klebefallen, Schlupfwespen oder Raubkäfer (Fachhandel) zur Bekämpfung einsetzen.

BLATTLÄUSE

Blattläuse gehören zu den häufigsten Schädlingen. Die verschiedenen Arten bilden meist an den Blattspitzen dichte Kolonien. Man kann ihnen mit der gezielten Unterstützung ihrer natürlichen Feinde wie Florfliegen und Schlupfwespen zu Leibe rücken oder sie mit einer Brennnessel- oder Rainfarnbrühe vertreiben. Manchmal reicht auch schon das Abspritzen mit einem starken Wasserstrahl.

MEHLTAU

Er tritt wirtsspezifisch an vielen Arten auf. Der Befall ist in Jahren mit wechselnden trocken und feuchten Lagen besonders häufig. Man unterscheidet Echten, hier ist das Pilzgeflecht anfangs weiß und wird dann meist grau, und Falschen Mehltau – dieser bildet nur auf der Blattunterseite weißgrauen Schimmel. Da der Pilz auf Pflanzenteilen überwintert, ist es wichtig, alle geschädigten Pflanzen zu entfernen.

Ernten & lagern

Nichts geht über frisch verzehrtes Gemüse. Denn schon bald nach der Ernte beginnt der Alterungsprozess mit dem Verlust von Nährstoffen. Was mache ich mit dem Gemüse, das nicht gleich verzehrt werden kann?

Erbsenernte im Sommer

ERNTE

Im eigenen Garten kannst du immer zum optimalen Zeitpunkt ernten: so frisch wie möglich, kurz vor dem Verzehr. Achte darauf, dass die Früchte ausgereift sind, du sie bei der Ernte nicht unnötig verletzt und möglichst rasch in die Küche bzw. ihren Lagerort bringst. Die meisten Früchte erntest du am besten in den Vormittagsstunden. Jetzt steckt noch die meiste Flüssigkeit in den Pflanzen. Gemüse, die dazu neigen Nitrat anzureichern wie Spinat oder Feldsalat, erntest du lieber in den Nachmittags- oder Abendstunden, weil der Nitratgehalt dann niedriger ist.

LAGERUNG

Ein Punkt, der oft unterschätzt wird und in der Haupterntezeit für Stress sorgen kann, ist die Verwertung und Lagerung.
Frisch geerntetes Gemüse aus dem Garten kannst du für einige Tage wunderbar im Kühlschrank aufbewahren. Wie man welches Gemüse am besten lagert, kannst du bei der jeweiligen Beschreibung (ab S. 30) lesen.

ERDKELLER-ALTERNATIVE

Früher hatten viele Häuser einen Raum mit direktem Bodenkontakt. Hier wurde das Gemüse über die Winterzeit gelagert. Eine ähnliche Situation kann man

Alte Waschmaschinentrommel

sich einfach im Garten nachbauen. Besorge dir eine Trommel aus einer ausgedienten Waschmaschine oder einem Trockner. Diese wird bis zum Rand in den Boden eingegraben. Nun kannst du das Erdlager mit etwas feuchtem Sand und dem Gemüse wie Rote Bete, Möhren oder Kohlrabi befüllen. Ideal ist es, dieses einfache Erdlager auch in einem Rahmenbeet zu realisieren.

EINFRIEREN

Viele Gemüsearten wie Möhren, Erbsen oder Brokkoli lassen sich wunderbar einfrieren. Am sinnvollsten ist es, das Gemüse vor dem Einfrieren kurz zu blanchieren oder schon fertige Gerichte, beispielsweise Suppen, einzufrieren. Bitte Beschriftung nicht vergessen!

Gemüse dörren

JE NACH VERWENDUNGSZWECK KANNST DU DAS DÖRRGUT ETWAS WÜRZEN UND SO BEISPIELSWEISE LECKERE GEMÜSECHIPS HERSTELLEN ODER ES ZU EINER GEMÜSEBRÜHE MAHLEN.

EINWECKEN

Eine altbewährte Methode ist das Einwecken in Gläsern. Was du benötigst sind Einmach- oder Twist-Off-Gläser und ein Einkochtopf. Beim Einkochen werden Mikroorganismen, die Fäulnisprozesse verursachen, abgetötet und ein erneutes Eindringen durch das entstehende Vakuum in den Gläser verhindert – sauberes Arbeiten vorausgesetzt. Richtig gemacht halten diese Konserven meist mehrere Jahre. Beliebte und geeignete Gemüse sind Gurken, Zucchini, Rote Bete und Kürbis.

Konservierung von Gemüse

TROCKNEN

Immer populärer wird eine der ältesten Konservierungsmethoden, das Dörren oder Trocknen. Du kannst dafür deinen Backofen oder spezielle Dörrgeräte (nicht sehr teuer!) nutzen. Hier passt je nach Größe jede Menge Gemüse auf die Einschübe und man kann die Temperatur gradgenau regeln. Wichtig ist, dass du das Gemüse in gleichdünne Scheiben oder Stücke schneidest, damit alles gleichmäßig trocknen kann. Außerdem ist darauf zu achten, dass alles wirklich trocken ist, bevor es in die Aufbewahrungsgefäße gefüllt wird. Restfeuchte würde sehr schnell zur Schimmelbildung führen.

FERMENTIEREN

Das milchsaure Einlegen diente seit der Jungsteinzeit der Haltbarmachung der Lebensmittel. Du benötigst neben dem Gemüse Einweckgläser mit Gummi und eine 2%ige Salzlösung: 1 EL Salz auf 1 l Wasser, dazu Gewürze wie Dill, Knoblauch, Thymian usw. Das Gemüse, zum Beispiel Tomaten, wird leicht angepickt, damit es später nicht aufplatzt, und zusammen mit den Gewürzen vorsichtig in die Gläser gedrückt. Ich lasse das Gemüse abgedeckt ca. sieben Tage bei etwa 20 °C fermentieren. Dann ist meist der gewünschte Geschmack erreicht. Im Kühlschrank können fermentierte Gemüse bis zu einem halben Jahr aufbewahrt werden.

Salate, Blatt- & Stielgemüse

In diesem Kapitel tauchen wir in die facettenreiche Welt der Blatt- und Stielgemüse ein. Einige dieser Arten sind auch perfekt für den Herbst- und Winteranbau geeignet.

SALATE – BUNTE VIELFALT IM GARTEN

Beim Anbau von Salaten ist davon auszugehen, dass für jede Geschmacksrichtung und für jede Verwendung in der Küche etwas Passendes dabei ist. Hierzu sollte man wissen, welche Arten schon im zeitigen Frühjahr angebaut werden oder welchen Kälte und Schnee nichts anhaben können. Um gut zu wachsen, benötigen die Pflanzen, neben einem nährstoffreichen und lockeren Boden, genügend Platz zur optimalen Entwicklung.

NICHT SEHR WÄHLERISCH

Viele Gemüsearten haben zu ihren direkten Nachbarn ein gestörtes Verhältnis, d.h. man muss bei der Planung und Zusammensetzung der Beetbepflanzung immer berücksichtigen, wer wen nicht leiden kann. Salate haben vielmehr gute als schlechte Freunde, was den Anbau wesentlich erleichtert. Wird eine Reihe im Beet doch früher frei als gedacht, so kannst du getrost einen jahreszeitlich passenden Salat pflanzen.

Rucola: Salatrauke & Wilde Rauke

Hinter der Bezeichnung Rucola verstecken sich verschiedene Arten. Anbau, Pflege, Ernte und Verwendung ist bei beiden identisch.

Direktaussaat

Salatrauke

STECKBRIEF

BOTANISCHER NAME: *Eruca sativa, Diplotaxis tenuifolia*

FAMILIE: Kreuzblütler

LEBENSFORM: einjährig (Salatrauke), mehrjährig (Wilde Rauke)

AUSSAAT UNTER GLAS / IM FREIEN: ab Mitte Januar / ab April bis September

AUSPFLANZEN UNTER GLAS / IM FREIEN: ab März / April bis September

PLATZBEDARF: 15 x 20 cm

ERNTEZEIT: Mai bis Dezember

ZWEI ARTEN UNTER EINEM NAMEN

Die Salatrauke *(Eruca sativa)* mit ihren bis zu 15 cm langen Blättern ist eine einjährige Pflanze und kann leicht 50 cm in die Höhe wachsen. Bis zu 70 cm hoch wird die mehrjährige Wilde Rauke *(Diplotaxis tenuifolia)*. Deren Blätter sind länglicher, markant stark gezähnt und ihr Geschmack ist wegen des höheren Anteils von Senfölen etwas schärfer.

AB IN DEN GARTEN

Die Voranzucht auf der sonnigen und warmen Fensterbank ist ab Mitte Januar möglich und alternativ gibt es die jungen Pflänzchen in Pressblöcken auch schon im zeitigen Frühjahr in Gärtnereien. Nachdem die Keimlinge einige Zentimeter gewachsen sind, können diese ab April ins Freie, wenn die Temperaturen auch nachts nicht mehr unter 10 °C sinken.

Rucola wird allerdings meist an Ort und Stelle ins Beet oder in Gefäße ausgesät, und zwar ab Mitte April, wenn die Temperaturen bereits um die 15 °C liegen: ca. 1 cm tief und mit einem Reihenabstand von 15 bis 20 cm. Vor dem Anbau sollte der Boden tiefgründig gelockert werden

Blüten der Salatrauke

Wilde Rauke

NITRATHALTIG!

Rucola besitzt viele wertvolle sekundäre Pflanzenstoffe, Senföle, Bitterstoffe, Beta-Carotin, Vitamin C und Folsäure. Auf der anderen Seite gehört er in den Wintermonaten zu den nitrathaltigsten Salaten. Beim Winteranbau im Gewächshaus oder Folientunnel fehlen das nötige Licht und die Wärme, damit das aufgenommene Nitrat ausreichend abgebaut wird. Ernte deshalb in dieser Zeit am besten am Nachmittag, wenn die Sonne scheint.

und mit Nährstoffen angereichert sein. Die Samen keimen innerhalb von zehn bis 16 Tagen nach der Aussaat.

PFLEGE

Rucola ist ein genügsamer Salat. Allerdings benötigt er genügend Wasser von oben, da seine flachen Wurzeln nicht in der Lage sind, tiefere Wasserquellen zu erreichen. Weiter sollte die Umgebung frei von Beikräutern sein und der Boden öfter gelockert werden. Das ist die beste Möglichkeit, um den größten Schädling, den Erdfloh, im Zaum zu halten.

DIE BLÄTTER WACHSEN NACH

Für beide Arten gilt, dass wir noch vor der Blüte die unmittelbar am Boden stehenden Blätter ernten, da sie während und nach der Blütezeit für viele zu bitter sind. Die Ernte beginnt vier bis acht Wochen nach der Aussaat im Freien. Hierbei empfiehlt es sich behutsam vorzugehen: Schneide die Blätter bei maximal 10 cm Länge und nur etwa 4 bis 5 cm über dem Boden ab. Rucola wächst schnell wieder nach. Wenn dir das Ganze zu bitter ist, kannst du die Stiele abtrennen, weil hier die meisten Bitterstoffe eingelagert sind. Die Blüten eignen sich wunderbar, um Salaten und anderen Speisen eine außergewöhnliche optische Note zu verleihen. Rucola verliert nach der Ernte schnell viele Nährstoffe und sollte möglichst bald verzehrt werden. Gründlich gewaschen und in ein feuchtes Tuch eingeschlagen halten sich die Blätter bis zu drei Tage im Kühlschrank. Eine gute und äußerst schmackhafte Konservierungsmethode ist die Herstellung eines Pestos.

Kopf- & Pflücksalate

Die Auswahl an Salatsorten in verschiedenen Formen und Farben ist riesig – es dürfte für jeden Geschmack etwas dabei sein.

Salat vereinzeln

Vorsichtig umpflanzen

WÄSSERN NICHT VERGESSEN!

AUSSÄEN & VEREINZELN

Der Start in die neue Gartensaison beginnt im Februar mit der Aussaat der ersten Salate unter Glas. Die Samen nur ganz dünn mit Erde bedecken. Etwa zwei bis drei Wochen nach der Aussaat sind die jungen Salatpflänzchen, welche meist zu eng stehen, schon merklich gewachsen. Jetzt können die Keimlinge einzeln in größere Töpfchen gepflanzt werden. Hier haben die feinen Wurzeln keine direkte Konkurrenz, und der Salat kann sich jetzt prächtig entwickeln.

PLATZ LASSEN

Nach weiteren zwei Wochen ist die Zeit für ihren endgültigen Platz im Beet gekommen: locker, humusreich und sonnig wäre optimal. Als Alternative kannst du natürlich alle Salate als vorgezogene Pflanzen im Gartencenter oder auf dem Markt kaufen und direkt ins Beet setzen. Beim Pflanzen der Salate ist man leicht verleitet, die noch sehr kleinen Pflänzchen zu eng oder zu tief in den Boden zu setzen. Das ist sicherlich einer der häufigsten Fehler. Bei guten Voraussetzungen wachsen die Sala-

Junpflanzen nicht zu tief setzen

Kopfsalat 'Goldforelle'

te recht schnell und benötigen dann ihren Platz. Die Abstände von 30 x 30 cm haben sich bei fast allen Sorten bestens bewährt. Mit einem kleinen Holzstab in entsprechender Länge hältst du immer den richtigen Abstand ein.

PFLEGE

Pflegeaufwand und Bodenansprüche der Salate sind gering. Wenn du regelmäßig den Boden lockerst sowie die Beikräuter entfernst, im Frühjahr oder Herbst etwas Kompost auf die Beete gibst und regelmäßig gießt, steht einem gesunden Wachstum und einer reichlichen Ernte nichts mehr im Weg.

KOPFSALAT

Das Charakteristische bei Kopfsalat (*Lactuca sativa* var. *capitata*) ist, dass die Blätter einen kompakten Kopf bilden, der im Ganzen geerntet wird. Ab Mitte Februar kann bereits mit der Voranzucht im Haus von frühen Kopfsalatsorten wie 'Maikönig' begonnen werden. Im Freien startest du mit der Aussaat oder dem Auspflanzen frühestens ab Mitte März. Die Ernte beginnt, sobald der Salat feste Köpfe gebildet hat, meist nach zehn bis zwölf Wochen. Beliebte Sorten sind neben 'Maikönig' 'Larissa', 'Luna', 'Neckarriesen' und die farbenprächtige Sorte 'Goldforelle'.
Übrigens gibt es auch die Möglichkeit, Salate über den Winter im Freien (unter einem Schutzvlies) anzubauen. Gesät wird für diese Anbauform direkt an Ort und Stelle ab Ende August bis Oktober. Die Ernte erfolgt im zeitigen Frühjahr.

STECKBRIEF

BOTANISCHER NAME: *Lactuca sativa*

FAMILIE: Korbblütler

LEBENSFORM: einjährig

AUSSAAT UNTER GLAS / IM FREIEN: ab Mitte Februar / März bis Oktober je nach Sorte

AUSPFLANZEN UNTER GLAS / IM FREIEN: ab Mitte März / März bis Oktober je nach Sorte

PLATZBEDARF: 30 x 30 cm

ERNTEZEIT: April bis November

BELIEBTE UND BEWÄHRTE SORTEN FÜR DEN WINTER SIND 'WINTERKÖNIG', 'WINTER-BUTTERKOPF', 'WINTERHARTER' UND 'BAQUIEU'.

BELIEBTE PFLÜCKSALATE SIND 'LOLLO ROSSO', 'SALAD BOWL', 'RED SALAD BOWL' UND 'GRAND RAPIDS'.

Salatbeet

SCHNITTSALAT

Ebenfalls genügsam, ertragreich und pflegeleicht sind die Schnittsalate (*Lactuca sativa* var. *crispa*). Die Aussaat kann schon Ende Februar im Frühbeet oder auf der Fensterbank beginnen und ab Anfang April dann im Freiland durchgeführt werden. Bitte beachte beim Kauf, dass es unterschiedliche Sorten für Frühjahrs- und Sommeranbau gibt. Zur Ernte nach etwa sechs bis sieben Wochen sollten die äußeren Blätter bereits 15 cm hoch sein. Sie werden etwa 2 cm über dem Boden abgeschnitten, wobei die Herzblätter in der Mitte stehen bleiben.

BELIEBTE SORTEN SIND 'GELBER RUNDER', 'GELBER KRAUSER' UND 'OCHSENZUNGE'.

Schnittsalat 'Gelber Dunsel'

BATAVIASALAT

Französische Züchter haben aus den Eigenschaften von Kopfsalat und Eisbergsalat diese neue und mittlerweile sehr beliebte Sorte (*Lactuca sativa* var. *capitata*) gezüchtet. Während die Form eher einem Kopfsalat ähnelt, ist die Konsistenz fest und knackig wie bei einem Eisbergsalat. Der Geschmack ist sehr facettenreich und ein Mix aus den beiden Ursprungsarten. Die Farbe ist je nach Sorte grünlich oder auch rötlich und die äußeren Blätter sind stark gekräuselt. Der anspruchslose Anbau und die Pflege entsprechen den anderen Salatsorten. Beliebt sind 'Blonde de Paris', 'Maravilla de Verano', 'Tarengo', 'Amerikanischer Brauner', 'Saragossa' und 'Kamalina'.

ROMANASALAT

Andere Bezeichnungen sind Römersalat, Kochsalat, Sommerendivie oder Bindesa-

Romanasalat

PFLÜCKSALAT

Im Gegensatz zu den Kopfsalaten erntet man bei Pflücksalaten (*Lactuca sativa* var. *crispa*) Blatt für Blatt von außen: Der Mittelteil, das Herz, bleibt stehen. D.h. man kann den gleichen Pflücksalat über viele Wochen nutzen. Damit sind diese Salate noch einfacher im Anbau und besonders für kleine Gärten und Balkone geeignet. Die Aussaat beginnt Ende Februar im Haus oder unter Glas im Freien bei einer optimalen Keimtemperatur von ca. 15 °C.

EINE HERAUSRAGENDE EIGENSCHAFT VON ROMANASALAT IST DIE SCHOSSFESTIGKEIT IN DEN SOMMERMONATEN.

lat. Dieser Salat (*Lactuca sativa* var. *longifolia*) bildet in lockeren, meist geschlossenen Köpfen etwa 30 bis 40 cm hohe, elliptische oder ovale und aufrechtstehende Blätter. Die Anzucht beginnt ab Februar/März im Haus oder Frühbeet. Die Direktsaat im Freien kann von April bis Juli erfolgen. Nach sechs bis acht Wochen sollten die Köpfe etwa 30 cm hoch sein und können als Ganzes geerntet werden. Meine Lieblingssorten sind 'Kasseler Strünkchen', 'Parris Island Cos' und 'Valmaine'.

EISBERGSALAT

Seinen Namen hat dieser knackige Salat (*Lactuca sativa* var. *capitata*) aus der Zeit, wo er in Amerika durch das ganze Land transportiert und mit Eis frisch gehalten wurde. Die lange Haltbarkeit sowie die Fähigkeit, mit unterschiedlichen Temperaturen sehr gut umgehen zu können, haben ihn so beliebt werden lassen. Die Köpfe erreichen bis zu 20 cm an Größe, sind fest, fast geschlossen und können auch schon mal 1 kg auf die Waage bringen. Da er zu den Sommersalaten zählt, beginnt seine Anzucht erst ab März und geht bis in den Juli. Die Sämlinge kannst du pikieren, sobald sie das fünfte Blatt gebildet haben, und im Abstand von 30 x 35 cm an Ort und Stelle setzen. Bis zur Ernte können leicht zehn bis zwölf Wochen vergehen. Empfehlenswerte Sorten sind 'Regina dei Ghiacci', 'Laibacher Eis' und 'Saladin'.

Winterpostelein

WINTERSALAT: WINTERPOSTELEIN

Gewöhnliches Tellerkraut und Winterportulak sind weitere Namen für diese Pflanze, die nicht mit den klassischen Kopfsalaten verwandt ist, sondern zu den Quellkrautgewächsen gehört. Wer sich in den Wintermonaten mit frischem Grün versorgen möchte, kommt an Winterpostelein (*Claytonia perfoliata*) nicht vorbei. Ausgesät wird er von Spätsommer bzw. Herbst bis in den Winter hinein, da die Keimung der Samen erst bei Temperaturen unter 12 °C einsetzt. Die Pflanze ist extrem frosthart und kann obendrein mehrmals geerntet werden, wenn du den Stängel nicht mit abschneidest. Auch die weißen Blüten können verspeist werden.

'SALANOVA®'

Erst seit einigen Jahren ist diese Neuzüchtung eines sehr zarten Multiblatt-Salates auf dem Markt. Die Sorte entwickelt drei bis viermal mehr fast gleich lange Blätter als andere Sorten. Nach dem Entfernen des Mittelstrunks zerfällt der Salat förmlich mundgerecht. Die Aussaat erfolgt ab Februar im Haus und von März bis Ende Juli direkt an Ort und Stelle. Die Keimung erfolgt nach sechs bis 15 Tagen.

Asia-Salate

Asia-Salate bringen Farbe und Formenvielfalt in den Gemüsegarten. Die breite Geschmackspalette reicht fast das ganze Jahr über von mild bis scharf.

STECKBRIEF

BOTANISCHER NAME: *Brassica juncea, Brassica rapa* var. *japonica*

FAMILIE: Korbblütler

LEBENSFORM: einjährig

AUSSAAT UNTER GLAS / IM FREIEN: ganzjährig / März bis September

AUSPFLANZEN UNTER GLAS / IM FREIEN: ganzjährig / April bis Oktober

PLATZBEDARF: 10 x 10 bis 20 cm

ERNTEZEIT: ganzjährig

Keimlinge

Pflanzabstand: 10 cm in der Reihe

SCHNELLWÜCHSIG DAS GANZE JAHR

Asia-Salate werden auch als Blattsenf bezeichnet und gehören zu den Kohlgewächsen. Sie haben eine lange Kultur- und somit Ansaatzeit. Diese reicht im Freiland vom zeitigen Frühjahr ab März bis zum September und in einem Gewächshaus bzw. Frühbeet nahezu das ganze Jahr. Da Asia-Salate überwiegend winterhart sind, eignen sie sich perfekt für Winterbeete oder zum Anbau im Gewächshaus bzw. einem geschützten Beet. Sie zählen zu den wichtigsten Lieferanten von frischem Grün im Winter.

Aussäen kann man sowohl in einer Aussaatschale, einzelne Samen in der Reihe, mit einem Abstand von 10 bis 20 cm, oder breitwürfig direkt auf die Beete. Sämlinge, die zu dicht aufgegangen sind, werden, nachdem sie einige Zentimeter Größe erreicht haben, vereinzelt. Ideal ist ein heller Standort, der regelmäßig gegossen wird.

ANBAU UND PFLEGE

Asia-Salate sind sehr genügsam und stellen keine nennenswerten Ansprüche an den Boden. Etwas Vorsicht ist wegen der Kohlhernie, eine Pilzerkrankung an Kohlgewächsen, geboten, weshalb sie in größeren

'Red Giant'

Beständen nur alle vier Jahre auf dem gleichen Beet angepflanzt werden sollten. Zur Vermeidung von Erdflöhen, die alle Asia-Salate gern befallen, pflanzt man sie in Mischkultur mit Tagetes und Pflücksalat. Das Schadbild erkennt man leicht an den runden Löchern in den Blättern (siehe S. 24).

ERNTE

Ab einer Blattgröße von 15 bis 20 cm sind die Salate reif zum Abschneiden. Als sogenannter Baby-Leaf-Salat, hier lässt man die Blätter nur 5 bis 10 cm groß werden, erfolgt die Ernte bereits nach zwei bis drei Wochen. Hierzu schneide ich lediglich die äußeren Blätter einige Zentimeter über dem Boden ab. Die Pflanzen treiben wieder aus.
Die jungen Blätter sind äußerst beliebt in Salaten, während die älteren eher in Gemüsegerichten und im Wok eine Verwendung finden.

EMPFEHLENSWERTE SORTEN

'Red Giant': Salat mit leicht gezackten, ovalen, grün-roten Blättern und einem scharfen Senfgeschmack. Diese Schärfe tritt immer mehr in den Vordergrund, je älter er wird. Also jung ernten!
'Mizuna': Sehr rasch wachsende Blattkohlart mit stark gefiederten, hellgrünen Blättern und weißen Blattstielen, die bis zu fünfmal geerntet werden kann. Der Geschmack ist leicht kohlartig. Verträgt auch kältere Temperaturen bis um den Gefrierpunkt ohne Schutz.
'Green in Snow': Schon der Name verrät seine Eigenschaft, auch noch im Schnee „grün" zu sein. Deshalb ist er einer der interessantesten Salate für unsere Versorgung mit Vitaminen im Winter. Diese Sorte ist sehr frosthart und eignet sich ganz besonders für den Anbau in den Wintermonaten. Die länglichen, gezackten bis welligen Blätter schmecken scharf und senfartig.

ASIA-SALATE BESITZEN VIELE MINERALSTOFFE, VITAMIN C, VITAMIN K, FOLSÄURE UND SENFÖLGLYKOSIDE.

'Mizuna'

'Green in Snow'

Endivie

Die Auswahl an verschiedenen Endiviensorten ist groß. Grundsätzlich unterscheidet man Sorten mit glatten Blättern (Eskariol) oder gekrausten Blättern (Frisée).

Sämlinge

NICHT VOR ENDE MAI AUSSÄEN!

STECKBRIEF

BOTANISCHER NAME: *Cichorium endivia* var. *latifolium* (glatte Form), *Cichorium endivia* var. *crispum* (krause Form)

FAMILIE: Korbblütler

LEBENSFORM: einjährig

AUSSAAT UNTER GLAS / IM FREIEN: Mai / Mai bis Juli

AUSPFLANZEN UNTER GLAS / IM FREIEN: September / Juli bis August

PLATZBEDARF: 35 bis 40 x 30 cm

ERNTEZEIT: September bis Dezember

SOMMER- UND WINTERENDIVIE

Wie die Namen schon erkennen lassen, werden die Sommerendivien früher angesät und natürlich geerntet. Die Winterendivien wachsen schneller, sind robuster und kältetoleranter. Sie verbleiben bei günstigen Bedingungen bis November oder gar Dezember auf den Beeten.

VORKULTUR IST RATSAM

Beim Anbau von Endiviensalat hat sich eine Vorkultur frühestens ab Ende Mai sehr bewährt. Wird zu früh gesät, besteht die große Gefahr, dass die Endivie schnell anfängt zu blühen und nur wenige Blätter bildet. Beachte hierzu die Hinweise auf der Samentüte bei der jeweiligen Sorte. Nach dem Aussäen werden die kleinen Pflänzchen ab einer Größe von 2 bis 3 cm einzeln in Töpfe gesetzt. Hier können sich die kleinen Sämlinge wunderbar entwickeln und nach drei bis vier Wochen sind sie kräftig und groß genug, um an den endgültigen Platz gesetzt zu werden.

PLATZ LASSEN!

Nicht unterschätzen sollte man beim Pflanzen, wie groß der benötigte Platz von Endivien ist. Der Abstand von Reihe zu Reihe sollte mindestens 30 cm und innerhalb der Reihe 35 bis 40 cm betragen. Endiviensalat bildet keine geschlossenen Köpfe, sondern Rosetten mit eher dicken, glatten oder krausen Blättern aus. Dieser Salat eignet sich ganz prima als Nachkultur abgeernteter Beete und als vitaminreicher Herbst- und Wintersalat. Je nach Sorte sind Endivien bis etwa zu −6 °C frostbeständig und wenn sie abgedeckt sind, darf es auch noch kälter werden.

ENDIVIEN ERNTEN UND LAGERN

Die Ernte der ersten Endivien beginnt ab September. Bei der Auswahl der angebauten Sorte sollte man die Unterschiede hinsichtlich der schnellen Verarbeitung bzw. der Lagerung beachten. Glattblättrige Endivie ist kältetoleranter und kann deshalb länger auf den Beeten verbleiben. So kann man z.B. die Winterendivie 'Grüner Escariol' luftig eingeschlagen viele Wochen lagern. Die Frisée-Endivien mit krausen Blättern sind hingegen weniger frostresistent und somit eher für den Sommer- und Herbstanbau geeignet. Zudem lassen sie sich nicht lange lagern und sind daher für den Frischverzehr zu empfehlen. Beachte bei deiner Beetplanung diese wichtigen Unterscheidungsmerkmale.

Pflanzung ins Beet

Platz pro Pflanze ca. 30 x 40 cm

GESCHMACK UND INHALTSSTOFFE

Grundsätzlich schmeckt Endiviensalat mehr oder weniger bitter. Die vorhandenen Bitterstoffe sind appetitanregend und wirken auf Leber und Galle. Wem der Salat zu bitter schmeckt, sollte auf selbstbleichende Sorten wie 'Bubikopf' und 'Diva' zurückgreifen. Hier werden die Blätter in der Mitte gelblich und sind milder. Endivien haben außerdem einen hohen Anteil an Kalzium, Kalium, Vitamin A, Vitamin C und Folsäure.

Radicchio

Der Salat wurde vor allem durch die Verwendung in der italienischen Küche bekannt und beliebt. Er zählt bei uns zu den winterharten Salaten.

Ab März vorziehen

AM BESTEN VORZIEHEN

Der Anbau von Radicchio gelingt am allerbesten, wenn der Salat vorgezogen wird. Mit der frühesten Aussaat kannst du ab Mitte März bei Temperaturen um die 20 °C starten. Kälter sollte es nicht werden, denn die Samen reagieren empfindlich und haben dann große Probleme zu keimen. Letztlich entscheidet der gewünschte Erntezeitraum – Sommer oder Herbst –, wann welche Sorte ausgesät werden sollte. Die Kulturdauer von der Saat bis zur Ernte dauert etwa 18 bis 25 Wochen.

Sämlinge bei Bedarf vereinzeln

STECKBRIEF

BOTANISCHER NAME: *Cichorium intybus* var. *foliosum*

FAMILIE: Korbblütler

LEBENSFORM: zweijährig

AUSSAAT UNTER GLAS / IM FREIEN: ab Mitte März / Mitte Mai bis Ende Juni

AUSPFLANZEN UNTER GLAS / IM FREIEN: April / Mai bis Juli

PLATZBEDARF: 25 x 30 cm

ERNTEZEIT: September bis Frühjahr

Perfekter Abstand: 25 bis 30 cm

AUSPFLANZEN

Nach vier bis sechs Wochen haben die Sämlinge eine ausreichende Größe erreicht und können ins Freie gepflanzt werden. Auf den Beeten werden die Pflanzen nach den Eisheiligen ab Mitte Mai in einem Abstand von 25 bis 30 cm in der Reihe gepflanzt. Der Abstand zwischen den Reihen sollte ebenfalls 30 cm sein. So hat der Radicchio genügend Platz zum Gedeihen.

PFLEGE

Ein humus- und nährstoffhaltiger Boden in einer sonnigen bis halbschattigen Lage ist die optimalen Bedingung für den Anbau. In Trockenzeiten solltest du gießen, regelmäßig den Boden lockern und bei Bedarf Beikräuter jäten. Zu viel Dünger bzw. Stickstoff im Boden führt leicht zum Blattrandbrand bzw. dem Faulen der Blattköpfe. Schäden bei der Kultur dieses südländischen Salates werden durch die Weiße Fliege und von Blattläusen verursacht. Willst du ganz sichergehen, verwendest du ein Schutznetz mit einer Maschenweite von 0,85 mm.

ERNTE

Die Zeit zum Ernten ist gekommen, wenn sich in der Mitte des Radicchios ein festes und gut ausgefärbtes Herz entwickelt hat. Wundere dich nicht, dass sich der Salat erst bei etwas kälteren Nachttemperaturen langsam von grün in verschiedene rotviolette Töne verfärbt. Du kannst sowohl einzelne Blätter als auch den kompletten Salat ernten. Radicchio hat einen leicht nussigen und intensiven, herb-bitteren Geschmack, welcher durch ein kurzes Garen gemildert wird. Du kannst den Salat bis zu vier Wochen im Kühlschrank aufbewahren.

WILDE VERWANDTSCHAFT

Radicchio ist übrigens eine Zuchtform der Gemeinen Wegwarte. Er ist sehr kalorienarm und enthält viele gesunde Inhaltsstoffe. Allen voran die Bitterstoffe (z.B. Intybin), die verdauungsfördernd und appetitanregend sind. Daneben Eisen, Vitamin A und C, Mineralstoffe, Calcium, Magnesium, sekundäre Pflanzenstoffe und Phosphor. Außerdem wirkt er senkend auf den Cholesterinspiegel.

SO BLÜHT DIE WEGWARTE

Erntereifer Radicchio

Feldsalat

Dieser Salat zählt zu den wenigen Vitaminversorgern in der kalten Jahreszeit und ist eine ideale Nachkultur für die klassischen Sommergemüse.

STECKBRIEF

BOTANISCHER NAME: *Valerianella locusta*

FAMILIE: Baldriangewächse

LEBENSFORM: zweijährig

AUSSAAT UNTER GLAS / IM FREIEN: Juli bis Oktober

AUSPFLANZEN UNTER GLAS / IM FREIEN: September bis November

PLATZBEDARF: 10 x 10 cm

ERNTEZEIT: September bis März

3 bis 5 Samen pro Topf

Perfekte Größe zum Auspflanzen

EINST EIN ACKERUNKRAUT

Andere Namen für den Feldsalat sind Rapunzel oder Ackersalat. Das ist nicht verwunderlich, denn in der Natur finden wir ihn auf Äckern und Brachflächen und er galt bis ins 19. Jahrhundert als Ackerunkraut. Alle Sorten, die es heute im Handel gibt, stammen von dieser Wildform ab. Unterschieden wird nach zwei Typen. Einmal die Züchtungen für den Herbstanbau, welche meist hellgrüne und zarte Blätter haben, und die robusten und kompakten Sorten, die für den Winteranbau geeignet sind.

FRISCHES „GRÜN“ IM WINTER

Neben Endiviensalat und Winterpostelein ist Feldsalat der top Frischgrünlieferant in der kalten Jahreszeit. Wenn sich die Beete ab August immer mehr leeren, ist jetzt genügend Platz vorhanden und der richtige Zeitpunkt gekommen, um den Salat auszusäen. Vorzüglich passt er als Begleitpflanze zu Grün- oder Rosenkohl. Besonders der Anbau in Beeten mit Abdeckung ermöglicht es dir, selbst bei Schnee problemlos an frischen Salat zu gelangen. So wirst du in der kalten Jahreszeit gut mit Eisen, Beta-Carotin und Vitamin C versorgt.

Pflanzabstand: 10 x 10 cm

Vorgezogene Pflanzen im Herbst setzen

AUSSAAT

Für die Aussaat von Feldsalat gibt es zwei ideale Zeitpunkte: Zum einen die Monate Juli und August für eine Ernte ab September. Zum anderen eine spätere Saat im September oder Oktober. Hierbei kann der Feldsalat bis lange in den Winter auf den Beeten bleiben und nach Bedarf geerntet werden. Die Samen kommen nur bis zu 1 cm in die Erde und werden vor dem Verschließen leicht angegossen. Säen kannst du entweder in Reihe oder breitwürfig auf den Boden. Für die Keimung in den nächsten drei Wochen ist es von entscheidender Bedeutung, dass die Saat in dieser Phase nie austrocknet.

VERWERTE FELDSALAT FRÜHZEITIG NACH DEM ABSCHNEIDEN, DA DIE BLÄTTER RELATIV RASCH WELKEN!

ALTERNATIVE: VORANZUCHT

Nach meinen Erfahrungen ist Feldsalat in der Tat bei der Ansaat gelegentlich etwas zickig. Deshalb bin ich dazu übergegangen, diesen Salat in Töpfchen, Anzuchtschalen oder Multitopfplatten vorzuziehen. Ich lege in jedes Pflanzgefäß drei bis fünf Samen. Nach der Keimung pflanze ich diese bei entsprechender Größe im Abstand von 10 x 10 cm ins Beet.

PFLANZUNG

Wer nicht selbst vorziehen möchte, kann schon vorgezogene Pflänzchen in Erdpressballen kaufen. Diese setze ich immer zu zweit nebeneinander. So kann man zügig ein ganzes Beet bepflanzen und ist hiermit für die Winterzeit ausreichend versorgt.

ERFOLG MIT DER RICHTIGEN SORTE

Achte schon beim Kauf auf die Hinweise, welche auf den Samentütchen stehen. Hier findest du Informationen zur optimalen Aussaatzeit, der Frostempfindlichkeit und zum Mehltaubefall. Wenn du bereits im Juli säst, kannst du schon im September ernten. Für den Sommer- und Herbstanbau sind die Sorten 'Gala' und 'Favor' und für den Winteranbau 'Holländischer Breitblättriger', 'Verte de Cambrai' und 'Vit' bestens geeignet.

VORSICHT BEI DER ERNTE

Es ist wichtig, dass du die Rosetten direkt am Boden abschneidest, sonst besteht die Gefahr, dass die Pflanzen in lauter einzelne Blätter zerfallen. In der dunkleren Jahreszeit lagert sich reichlich Nitrat ein. Daher ist es günstig, den Salat an hellen Tagen und möglichst erst in den Nachmittagsstunden zu ernten, damit bis dahin ein großer Teil des Nitrates wieder abgebaut ist.

FELDSALAT IST WINTERHART UND ÜBERLEBT AUCH FROSTIGE NÄCHTE.

Direkt am Boden abschneiden!

Spinat

Spinat ist ein dankbares Gemüse, denn es kann fast ganzjährig angebaut werden. Der Anbau ist einfach und schnell.

AUSSAAT

Gerade für Anfänger im Gemüseanbau ist der pflegeleichte Spinat zu empfehlen. Gleich im Frühjahr geht es mit der Aussaat los. Geeignet sind dazu spezielle Sorten für den Frühjahrsanbau, der schon ab Ende Februar im Gewächshaus oder in einem Beet im Freien mit Abdeckung oder Vlies möglich ist. Nachdem der Boden nach dem Winter ausreichend gelockert wurde, werden nun die Samen in ca. 2 cm tiefen Saatreihen dicht an dicht gesät, mit Wasser ein wenig in die Erde eingeschlämmt, zugefüllt und mit einem Rechen angedrückt. Für den Herbstanbau ist die Aussaat von Ende August bis Mitte September die ideale Zeit.

ANZUCHT IN TÖPFEN

Auch das geht! Hierzu gibst du etwa fünf bis sieben Samen in ein entsprechendes Anzuchtgefäß. Schon nach sieben bis zehn Tagen bei einer Temperatur um die 12 °C keimen die Samen. Je nach Wachs-

STECKBRIEF

BOTANISCHER NAME: *Spinacia oleracea*

FAMILIE: Gänsefußgewächs

LEBENSFORM: einjährig

AUSSAAT UNTER GLAS / IM FREIEN: Februar bis Mai / März bis Mai oder August bis September

AUSPFLANZEN UNTER GLAS / IM FREIEN: März bis Mai / März bis Mai oder August bis September

PLATZBEDARF: 10 x 25 cm

ERNTEZEIT: April bis Dezember

Samen nach der Aussaat einschlämmen

Vorgezogene Pflanzen ins Beet setzen

BLÜHENDER SPINAT SCHMECKT BITTER. LIEBER VORHER ERNTEN.

'Verdil'

tumsbedingungen sind die kleinen Pflänzchen innerhalb von zwei bis drei Wochen soweit gewachsen, dass sie ins Beet gepflanzt werden können. Entlang einer Pflanzschnur kommen sie mit einem Abstand von ca. 10 cm in die Erde und mit 25 cm zur nächsten Reihe.

PFLEGE

Spinat gehört zu den Mittelzehren, d.h. zu viele Nährstoffe sind eher schädlich. Konkret speichert Spinat einen Überschuss an Stickstoff als Nitrat in den Blättern ein. In der Wachstumsphase sollten Beete mit Spinat nie austrocknen und lästige Beikräuter regelmäßig entnommen werden. Wird das nicht gemacht, wachsen diese zwischen dem Spinat und man hat nach der Ernte einen erheblich größeren Putzaufwand. So wie bei vielen anderen Gemüsearten auch ist es wichtig, immer einige Jahre Abstand zwischen zwei Anbauphasen auf einem Beet einzuhalten.

ERNTE

Wann der richtige und ideale Zeitpunkt zur Ernte ist, entscheidet letztendlich die geplante Verwendung. Um eine Nitratbelastung zu reduzieren, ist es ratsam, an sonnigen Tagen und wenn möglich erst gegen Abend zu ernten. Junge und zarte Blätter eignen sich vorzüglich für einen Salat. Für die Zubereitung als blanchiertes oder gedünstetes Gemüse ist es sinnvoll, die Blätter größer wachsen zu lassen. Spinat treibt noch einmal aus, wenn lediglich die äußeren Blätter abgeschnitten werden und das Herz, also die Mitte, stehen bleibt. Nach der Blüte wird der Spinat immer bitterer und ist dann nicht mehr zum Verzehr geeignet.

'Butterfly'

SORTENVIELFALT

Wer gern Spinat anbauen möchte, hat eine große Auswahl an verschiedene Sorten. Diese unterscheiden sich durch Aussaat- und Erntezeit, Frostempfindlichkeit, Geschmack und Resistenz gegen Falschen Mehltau. Für die Verwendung als Salat eignen sich sogenannte Baby-Leaf-Sorten. Ihre Blätter bleiben sehr zart und relativ klein. Für den Frühjahrs- und Herbstanbau sind die Sorten 'Butterfly' und 'Matador' geeignet, für Herbst- oder Überwinterungsanbau die Sorte 'Verdil'. Wer Spinat im Sommer anbauen und ernten möchte, muss auf schossfeste Sorten wie 'Picasso F1' oder 'Corvette F1' zurückgreifen.

Mangold

Erst seit einigen Jahren habe ich Mangold für meinen Speiseplan entdeckt. Er schmeckt super, ist sehr ergiebig, vielseitig und sieht auch noch toll aus.

STIEL- UND BLATTMANGOLD

Bei Stielmangold kannst du sowohl die Blätter als auch die Stiele verzehren. Tatsächlich sind die Stiele sehr kräftig und können wie Spargel zubereitet werden. Daher kommt auch der Name „Spargel des kleinen Mannes“. Die Pflanzen können von weiß über gelb, orange bis rot variieren und bringen wunderbare, leuchtende Farben in den Garten.
Beim Blatt- oder Schnittmangold werden nur die Blätter verwendet. Sie sind sehr robust und werden relativ groß.

Voranzucht ab Februar

ICH VERSUCHE, DIE SAMENKÖRNER WIRKLICH NUR EINZELN IN DIE ANZUCHTERDE ZU PLATZIEREN, DA MIR MAXIMAL ACHT PFLANZEN VOLLKOMMEN REICHEN.

ANZUCHT AB FEBRUAR

Im Haus oder im beheizten Gewächshaus kann die Ansaat von Mangold schon im Februar beginnen. Optimal ist eine Keimtemperatur von 14 bis 18 °C. Die ersten Keimblätter können nach etwa sieben Tagen erscheinen. Sobald die Sämlinge 2 bis 3 cm groß sind, können sie nun vorsichtig pikiert, also vereinzelt werden. Allein stehend haben die Wurzeln nun keine Konkurrenz und können sich prächtig entwickeln.

AB INS BEET

Direkt im Freiland kannst du Mangold ab April bis Ende August ca. 2 cm tief säen. Auch hier lege ich einzelne Samenkörner im Abstand von 15 cm in die Erde. Wichtig ist, dass die Temperatur in den ersten sechs Wochen nach der Aussaat möglichst nicht unter 18 °C fällt. Hier hilft ganz besonders ein Vlies oder eine andere Abdeckmöglichkeit. Sobald die Pflänzchen groß genug sind, werden sie endgültig auf ca. 40 cm Abstand versetzt.

GERINGER PFLEGEAUFWAND

Mangold hat keine großen Ansprüche an den Boden und ist eine der pflegeleichtesten Gemüsearten. Vor dem Anbau oder währenddessen kannst du den Boden mit etwas Kompost, Hornspänen oder einem anderen organischen Dünger versorgen Auch hier gilt: Nicht übertreiben, damit nicht zu viel Nitrat in den Blät-

STECKBRIEF

BOTANISCHER NAME: *Beta vulgaris* subsp. *vulgaris*

FAMILIE: Gänsefußgewächse

LEBENSFORM: zweijährig

AUSSAAT UNTER GLAS / IM FREIEN: Februar bis März / April bis August

AUSPFLANZEN UNTER GLAS / IM FREIEN: März bis April / April bis September

PLATZBEDARF: 30 bis 40 x 40 cm

ERNTEZEIT: Juli bis Dezember

STIELMANGOLD GIBT ES MIT STIELEN IN WEISS, GELB, ORANGE ODER ROT. SIE BEHALTEN BEIM KOCHEN WEITESTGEHEND DIE FARBE.

Zu eng: Jungpflanzen noch auf 30 x 40 cm vereinzeln

Blattmangold

Stielmangold

tern eingelagert wird. Und natürlich das Gießen nicht vergessen!

LANGE ERNTEZEIT

Etwa zehn bis zwölf Wochen nach der Aussaat sind die ersten Blätter reif zum Ernten. Hierbei kannst du die größeren, äußeren Blätter etwa 5 cm über dem Boden abschneiden oder vorsichtig abbrechen. So bleibt das „Herz" der Pflanzen erhalten und treibt immer wieder neue Blätter aus. Wenn du ganz besonders zarte Blätter ernten möchten, solltest du diese nicht zu groß werden lassen und schon bei 10 bis 15 cm Länge ernten. Während gelbe und rote Sorten etwas frostempfindlich sind, kommen die grünen Sorten mit Frost besser zurecht.

LAGERN UND HALTBAR MACHEN

Wie viele andere Gemüsearten verliert auch Mangold schon kurz nach der Ernte wertvolle Inhaltsstoffe. Deshalb ist es immer am besten, ihn erst unmittelbar vor der Verwendung zu ernten. In ein feuchtes Tuch oder Papier eingeschlagen hält er im Kühlschrank aber etwa zwei Tage. Bei der Zubereitung von Stielmangold ist zu beachten, dass Stiele und Blätter eine unterschiedliche Konsistenz haben: Also zunächst die Stiele andünsten und die Blätter etwas später hinzugeben.

Stangen- oder Staudensellerie

Bei Stangensellerie kannst du die oberirdischen Teile nutzen. Sie sind vitaminreich und gelten als entzündungshemmend und blutdrucksenkend.

Vorgezogener Keimling

STECKBRIEF

BOTANISCHER NAME: *Apium graveolens* var. *dulce*

FAMILIE: Doldenblütler

LEBENSFORM: zweijährig

AUSSAAT UNTER GLAS / IM FREIEN: Ende Februar und März / April und Mai

AUSPFLANZEN UNTER GLAS / IM FREIEN: April / Mai

PLATZBEDARF: 40 bis 50 x 40 cm

ERNTEZEIT: Juli bis Oktober

Hornspäne ausstreuen

Staudensellerie bildet eine unbedeutende Knolle aus. Wir nutzen seine dicken, kräftigen und saftigen Stiele mit den relativ kleinen Blättern. Kein Wunder, dass er auch Stangen-, Stiel- oder Bleichsellerie genannt wird. Der letzte Name hängt damit zusammen, dass durch das Bleichen (Lichtentzug durch Abdecken) die Stangen heller und milder bleiben. Der typische Geschmack tritt bei diesem Sellerie nicht so dominant in den Vordergrund.

ANZUCHT & PFLANZUNG

Ab Ende Februar und bei Temperaturen um die 20 °C kannst du mit der Aussaat im Haus beginnen. Bevor ich die Samen aussäe, lasse ich diese über Nacht in Wasser einweichen, dann höchstens 0,5 cm tief in die Erde säen, fest andrücken und vorsichtig angießen. Warte bis die Samen gekeimt sind, und stelle diese dann etwa 5 °C kälter auf. Pikiert wird, nachdem das zweite Blattpaar gewachsen ist. Nach der Aussaat musst du etwa sechs bis zehn Wochen bis zum Auspflanztermin im Freien einplanen: Nach den Eisheiligen im Mai kannst du die Pflanzen im richtigen Abstand in das Beet setzen.

PFLEGE

Ein lockerer, nährstoffreicher und beikrautfreier Boden in sonniger Lage bietet die besten Wachstumsbedingungen. Gieße deinen Sellerie regelmäßig, denn die Pflanzen bevorzugen eine möglichst gleichmäßige Feuchtigkeit am Standort. Zum Gießen nehme ich am liebsten, sonnenerwärmtes Wasser aus der Gießkanne und zur Düngung kannst du für den Starkzehrer Hornmehl, Bokashi, eine Brennnesseljauche oder einen Smoothie (siehe S. 18) nutzen. Wenn du es ermöglichen kannst, baue Sellerie nur alle drei bis vier Jahre auf demselben Beet an.

ERNTE

Ernten kannst du einzelne Stangen oder die komplette Pflanze. Staudensellerie wird sowohl roh, in Säften, in Smoothies, gekocht und gedünstet verwendet.
Eine Saftkur mit Sellerie soll sehr gesund sein: Der frisch gepresste Saft enthält viele Antioxidantien, Mineralstoffe und sekundäre Pflanzenstoffe. Er soll eine hohe entzündungshemmende Wirkung haben, Viren und Bakterien abtöten, den Darm entschlacken, die Haut reinigen und sowohl dem Herzen als auch der Verdauung helfen. In der TCM wird der Saft seit Jahrtausenden genutzt. Einen Versuch ist es allemal wert.

SORTENWAHL

Die bekanntesten Sorten sind 'Darklet', 'Tall Utah' und 'Spartacus'. Bereits im Juli kannst du die frühe Sorte 'Darklet' ernten, wenn die Aussaat bereits im Februar erfolgt ist. Die ertragreiche und sehr wüchsige Sorte 'Tall Utah' wird im August reif. Der Geschmack ist mild und die fleischigen Rippen werden bis zu 30 cm groß. 'Spartacus' wird bis zu 50 cm hoch und ist selbstbleichend.

SCHNITTSELLERIE – DER KRAUTIGE VERWANDTE

Auf den ersten Blick könnte man diesen Sellerie (*Apium graveolens* var. *secalinum*) leicht mit Petersilie verwechseln. Er hat weder eine Knolle noch hervorstehen Blätter und man schneidet nur so viele Blätter ab, wie man benötigt. Im Gegensatz zu seinen Verwanden kann man größere Bestände trocknen, ohne dass Geschmack und Aroma verloren gehen. Die Aussaat erfolgt im Mai an Ort und Stelle. Er benötigt wenig Platz und ist deshalb bestens als Mischkulturpartner für Kohl geeignet, um lästige Schädlinge abzuhalten.

Erntereifer Stangensellerie

Fruchtgemüse

Auf den nächsten Seiten findest du alles über Fruchtgemüse. Diese Gruppe beinhaltet viele unserer beliebtesten und attraktivsten Gartengemüse.

WAS IST EIGENTLICH FRUCHTGEMÜSE?

Dabei handelt es sich um einjährige Gemüsearten, deren oberirdischen Teile essbar sind. Ihre Früchte sind aus bestäubten Blüten entstanden. Beim Aufschneiden kommen die Samen zum Vorschein und können – deshalb immer auf samenfeste Sorten achten! – wieder ausgesät werden. Viele Fruchtgemüsearten gehören aus der Sicht der Botanik zu den Nachtschatten- oder Kürbisgewächsen.

KEIN GEMÜSEGARTEN OHNE FRUCHTGEMÜSE!

Viele Arten dieser Gruppe sind äußerst beliebt, sehr gesund und vor allem wohlschmeckende. In keinem noch so kleinen Garten will man auf die Anzucht von Tomaten, Gurken, Paprika, Zucchini oder wenn möglich Kürbissen verzichten. Beeindruckend ist die enorme Auswahl an Sorten innerhalb einer Art. Allein bei den Tomaten geht man von ca. 3500 verschiedenen Varietäten aus. Neben vielen alten und historischen Sorten gibt es ebenso viele Neuzüchtungen. Mir macht es große Freude, jedes Jahr immer wieder mal etwas Neues anzubauen.

Tomate

Nirgendwo wird der Geschmacksunterschied zwischen selbst angebautem und gekauftem Gemüse so deutlich wie bei der Tomate.

Keimlinge vereinzeln

JUNGPFLANZEN KÜHLER STELLEN

Auspflanzen

TIPP: INS PFLANZLOCH BRENNNESSELBLÄTTER GEBEN

VORANZUCHT

Damit Tomaten nicht schon in der Anzuchtphase durch zu wenig Licht hoch und dünn wachsen, solltest du mit der Ansaat im Haus nicht schon im Februar beginnen, auch wenn das auf manchen Samentüten steht. Ich beginne frühestens Mitte März. Die Samen werden nur 0,5 cm tief in Aussaaterde gesät. Die ersten Sämlinge erscheinen nach zehn bis 14 Tagen. Sobald sich nach den Keimblättern ein kräftiges Blattpaar gebildet hat, werden die Pflänzchen einzeln in größere Töpfe gesetzt und etwas kälter gestellt.

NICHT ZU FRÜH AUSPFLANZEN!

Wenn die Nachttemperaturen sicher über 15 °C liegen, ist die Zeit gekommen, um die kräftigen Tomatenjungpflanzen ins Freie zu setzen. Am besten stellst du die Pflanzen zum Abhärten für ein paar Tage tagsüber nach draußen an einen schattigen Platz und holst sie über Nacht rein. Das Pflanzloch sollte etwa doppelt so groß wie der Wurzelballen sein, damit du der Tomate eine Grundversorgung durch Hornspäne, Kompost oder zerkleinerte Brennnesselblätter mit auf dem Weg geben kannst. Die Jungpflanzen setzt du etwas tiefer, als sie im Topf standen, so bilden sie zusätzliche Wurzeln. Pflanze sie leicht geneigt in Richtung eines stabilen Stützstabs ein, den du gleich mit anbringst. Kräftig angießen, fertig!

REGENSCHUTZ

Viele Tomatensorten reagieren empfindlich auf den Braunfäule-Pilz, wenn ihre Blätter nass werden. Sie brauchen deshalb

Ausgeizen – je früher, desto besser

einen Regenschutz. Ob deine Tomatensorte ein Dach braucht oder du eine robuste Freilandsorte hast, steht auf dem Samentütchen bzw. Etikett. Achte beim Gießen darauf, dass die Blätter nicht nass werden.

Tomatenvielfalt

UNGEHEURE SORTENVIELFALT

Heute kennt man etwa 3500 Sorten, die sich durch Aussehen, Größe, Form und vor allem Geschmack merklich unterscheiden. Die Einteilung erfolgt in Stab-, Busch-, Salat-, Cocktail-, Cherry-, Fleisch-, Paprika-, Rispen-, Grüne und Wildtomaten. Jede Gruppe steht für eine ganz bestimmte Wuchsform und einen besonderen Anwendungsbereich.

DÜNGUNG

Tomaten benötigen einen nähstoffhaltigen, durchlässigen Boden. Um die Beete ausreichend zu versorgen, eignen sich Kompost, abgelagerter Mist oder andere organische Dünger. Die Starkzehrer brauchen im Laufe des Sommers, am besten alle vier Wochen, zusätzliche Nährstoffgaben: spezielle Tomatendünger oder Brennnessel- bzw. Beinwelljauche (siehe S. 17). Hiermit werden sie im Wurzelbereich ausgiebig gegossen.

STECKBRIEF

BOTANISCHER NAME: *Solanum lycopersicum*

FAMILIE: Nachtschattengewächse

LEBENSFORM: einjährig

AUSSAAT UNTER GLAS: März und April

AUSPFLANZEN UNTER GLAS / IM FREIEN: April / Mai bis Juni

PLATZBEDARF: 60 bis 80 x 80 bis 100 cm

ERNTEZEIT: Juli bis Oktober

SPEZIELLE TOMATENPFLEGE

Die meisten Sorten (Ausnahme: mehrtriebig wachsende Busch-, Strauch- und Wildtomaten sowie Balkonsorten) solltest du regelmäßig anbinden und ausgeizen. Ausgeizen bedeutet, die kleinen Seitentriebe in den Blattachsen auszubrechen. Früh am Morgen geht das am leichtesten.

ERNTE & LAGERUNG

Wann der richtige Erntezeitpunkt ist, entscheiden letztlich Geschmack und Farbe der Früchte. Rotfrüchtige Sorten dürfen keine grünen Stellen mehr haben und geben bei Druck etwas nach. Entweder du drehst die Tomaten leicht von den Stielen oder schneidest sie mit einer Schere bzw. einem Messer ab. Haltbarkeit und Frische bleiben länger erhalten, wenn ein Stück vom Stiel an der Frucht verbleibt. Tomaten, die im Oktober nicht mehr durchreifen, können grün geerntet werden. Sie reifen im Haus an einem warmen Ort (egal, ob hell oder dunkel) innerhalb weniger Tage nach. Lege einen Apfel zu den Tomaten: Das Ethylen, das er ausströmt, beschleunigt den Prozess.

Paprika & Chili

Diese beiden Arten gibt es in unterschiedlichen Formen, Farben und Schärfegraden. Gemeinsam ist ihnen der Wunsch nach einem sonnigen, warmen Platz.

Keimling mit erstem Laubblattpaar

Pflanzung und Erstversorgung mit Hornspäne

STECKBRIEF

BOTANISCHER NAME: *Capsicum annuum, Capsicum frutescens*

FAMILIE: Nachtschattengewächse

LEBENSFORM: einjährig

AUSSAAT UNTER GLAS / IM FREIEN: Februar / Mai

AUSPFLANZEN UNTER GLAS / IM FREIEN: April / Ende Mai

PLATZBEDARF: 40 bis 50 x 60 cm

ERNTEZEIT: Juli bis Oktober, sobald sich die Früchte verfärbt haben

ANZUCHT

Mit zu den allerersten Gartenarbeiten im Jahr gehört ab Ende Februar die Aussaat von Paprika und Chili im Haus. Der Grund ist die lange Entwicklungszeit, die die Pflanzen benötigen. Säe die Samen etwa 0,5 cm tief in eine nährstoffarme Anzuchterde. Die Saat braucht ausreichend Licht und Wärme, etwa 25 °C, um nach ca. sieben Tagen zu keimen. Etwa vier Wochen später erscheinen nach den Keimblättern die ersten Laubblätter – jetzt ist es Zeit, die Jungpflanzen einzeln in größere Töpfe umzusetzen, d.h. zu pikieren.

BEET ODER KÜBEL

Beide Arten können sowohl ins Beet, aber auch in Kübel oder größere Töpfe an einem sonnigen und warmen Platz gepflanzt werden. Bevor du die wärmebedürftigen Jungpflanzen ab Ende Mai ins Freie setzen kannst, ist es ratsam, sie langsam abzuhärten, d.h. an milden Tagen nach draußen zu stellen und nachts wieder ins Haus zu holen. Ein Stützstab schützt die empfindlichen Pflanzen bei Wind und dem Gewicht vieler großer Früchte vor dem Umknicken.

Paprikablüte

NORMALERWEISE ÜBERNEHMEN INSEKTEN DIE BESTÄUBUNG. FALLS DEINE PFLANZEN KEINE ODER WENIGE BLÜTEN ANSETZEN, KANNST DU MIT EINER EINFACHEN MÖGLICHKEIT NACHHELFEN: SCHÜTTLE DIE PFLANZE LEICHT. SO GELANGT BLÜTENSTAUB ZU DEN NACHBARPFLANZEN.

Erntereif

PAPRIKA UND TAGETES SIND GUTE MISCHKULTURPARTNER

WAS IST WAS?

Die Unterscheidung der drei Arten – Paprika, Chili, Peperoni – ist nicht ganz einfach:

- **Paprika:** Milder Geschmack, wird in der Küche als Gemüse genutzt.
- **Chili:** Kleine, sehr scharfe Gewürzpaprika. Die Schärfe wird in der Einheit Scoville eingestuft. Hierbei wird gemessen, wie viel Capsaicin, das unsere Schleimhäute reizt, die getrockneten Schoten enthalten.
- **Peperoni:** Chili-Unterart, etwas größer und weniger scharf als Chili.

PFLEGE

Für ein gesundes Pflanzenwachstum sind ein nährstoffreicher Boden und eine ausreichende Wasserversorgung wichtig. Für eine optimale Versorgung mit Nährstoffen eignet sich ca. alle 14 Tage eine Gabe mit Flüssigdünger, Kompost oder Brennnesseljauche. Unterschiedliche Meinungen gibt es um die positive Wirkung des Wegknipsens der sogenannten Königsblüte. Diese erste Blüte bildet sich zwischen dem Haupttrieb und dem ersten Seitentrieb. Das Entfernen soll eine vermehrte Fruchtbildung zur Folge haben. Probiere es einfach mal aus!

ERNTE

Zur Ernte schneidet oder bricht man die reifen, rot oder gelb verfärbten Früchte vorsichtig ab. Paprika eignet sich zum Frischverzehr und einer kurzen Lagerung, Chili dagegen ganz toll zum Trocknen und Mahlen.

Aubergine

Die Pflanze aus Indien wird auch Eierbaum oder Eierpflanze genannt. Ab dem 12. Jahrhundert fand dieses Gemüse den Weg nach Europa.

STECKBRIEF

BOTANISCHER NAME: *Solanum melongena*

FAMILIE: Nachtschattengewächse

LEBENSFORM: einjährig

AUSSAAT UNTER GLAS / IM FREIEN: Ende Januar / Mai

AUSPFLANZEN UNTER GLAS / IM FREIEN: April / Ende Mai

PLATZBEDARF: 50 x 60 cm

ERNTEZEIT: Ende Juli bis Oktober

AUSSAAT

Für den Anbau von Auberginen ist es von Vorteil, die Pflanzen schon ab Ende Januar im Haus an einer hellen und warmen Stelle vorzuziehen. Hierbei ist Geduld gefragt, denn die Keimung ist zwar in den allermeisten Fällen sehr zuverlässig, dauert zuweilen aber einige Wochen. Ich gebe jeweils nur einen Samen in einen kleinen Topf, bedecke ihn nur dünn mit Erde und gieße ausreichend an. Gute Erfahrungen habe ich gemacht, die Töpfe mit einer durchsichtigen Folie abzudecken, damit eine hohe Luftfeuchtigkeit entsteht und es die Saaten schön warm haben.

STANDORT & BODEN

Im Frühling kannst du die Beete mit organischen Nährstoffen, z.B. Kompost, versorgen. Auberginen sind sehr wärmebedürftig und entsprechend warm und geschützt sollte der Standort sein. Wer ein Gewächshaus hat, kann diese idealen Möglichkeiten für den Anbau von Auberginen nutzen. Temperaturen um die 25 °C sind hier leicht zu erreichen. Gern wird dieses Gemüse auch in Kübel mit mindestens 10 l Fassungsvermögen gepflanzt und an einen warmen, geschützten (möglichst mit Dach) Standort gestellt.

ZEIT FÜR DEN GARTEN

Ende Mai ist es dann so weit: Die Pflanzen haben sich prächtig entwickelt und

AUBERGINEN-SAMEN BRAUCHEN WÄRME ZUM KEIMEN.

können nach den Eisheiligen in ausreichenden Abständen an ihren endgültigen Platz ins Freie gepflanzt werden. Gib vorher in das Pflanzloch einen organischen Dünger und binde die Pflanze an einen stabilen Stützstab an. Spätestens wenn reichlich Früchte an den bis zu 1 m hohen Pflanzen wachsen, wirst du den zusätzlichen Halt zu schätzen wissen.

PFLEGE

Genau wie die Tomaten mögen auch die Auberginen kein Wasser auf den Blättern. Gieße direkt auf die Erde, so werden die Wurzeln ausreichend mit Wasser versorgt. Alle zwei bis drei Wochen während der Wachstumszeit sorgt eine organische Düngung mit Hornmehl, Kompost oder Pflanzenjauche für reichlich Früchte. Das Ausgeizen der Seitentriebe wirkt sich ebenfalls positiv auf die Fruchtbildung aus. Hierzu lässt man lediglich zwei bis drei Haupttriebe wachsen.

ERNTE & VERWERTUNG

Ab Ende Juli beginnt die Ernte der vollständig ausgefärbten Früchte. Die Erntezeit streckt sich in die Länge, weil zum Glück nicht alle Auberginen gleichzeitig reif werden. Ein Hinweis auf den Frischezustand liefert uns die Farbe der Kelchblätter. Solange diese hellgrün sind, ist alles bestens. Werden diese schon braun, ist allerhöchste Eile geboten. An einem schattigen Platz in der Küche können Auberginen einige Tage aufbewahrt werden oder alternativ im Gemüsefach deines Kühlschranks.

Stützstab nicht vergessen

Die Ernte beginnt Ende Juli.

Es gibt auch runde Sorten.

'Edime Purple Striped'

Gurke

Gurken sind eines der häufigsten Gemüse in unseren Gärten. Schlangen- bzw. Salat- und Feldgurken werden unterschiedlich angebaut und verwendet.

GURKE IST NICHT GLEICH GURKE

Wer Gurken anbauen möchte, ist meist überrascht, wie groß die Auswahl ist. Man unterscheidet Schlangengurken und Feldgurken:

Schlangengurken benötigen grundsätzlich unsere Hilfe. Entsprechende Rankgerüste kann man entweder im Fachhandel kaufen bzw. selbst bauen. Von Holzstangen über Estrichmatten bis zu ausziehbaren Konstruktionen ist alles erlaubt.

Feldgurken können sowohl an einer Rankhilfe angebunden oder am Boden kultiviert werden.

Sämling mit einem ersten Blattpaar nach den Keimblättern

NICHT ZU FRÜH AUSSÄEN

Mit der Aussaat von Gurken kannst du dir Zeit lassen. Etwa drei Wochen vor dem Auspflanztermin genügt vollkommen. Du hast die Wahl zwischen der Vorkultur ab Ende März im Haus oder Gewächshaus bzw. der Aussaat gleich an Ort und Stelle ab Anfang Mai im Freien. Damit du die Gurken nicht pikieren musst – denn das mögen sie gar nicht –, kommen die Samen 2 bis 3 cm tief in abbaubare Pflanztöpfe. Die optimale Keimtemperatur liegt bei ca. 25 °C. Sobald sich das erste Blattpaar nach den Keimblättern gebildet hat, wird der kleine Sämling mitsamt seinem Aussaattopf in einen größeren Topf umgesetzt und mit Erde aufgefüllt.

SÄE DIE WÄRMEBEDÜRFTIGEN GURKEN ENTWEDER IM APRIL UNTER GLAS ODER IM MAI DIREKT INS BEET AUS.

Bei der Direktsaat in den warmen Boden im Mai gebe ich zwei Samen in das Pflanzloch und lasse später nur den kräftigsten Sämling weiterwachsen, der andere wandert schweren Herzens auf den Kompost.

ZEIT FÜR DEN GARTEN

Gurken sind äußerst wärmebedürftig und dazu, besonders in der Anwachsphase, empfindlich gegen Wind. Deshalb sollten die Jungpflanzen nicht ohne einen Kälteschutz vor den Eisheiligen Mitte Mai ins Freie gepflanzt werden. Ich habe gute Erfahrungen gemacht, die Gurkenpflanzen zu setzen, wenn sie nach den Keimblättern zwei bis drei Laubblätter gebildet haben. Ich pflanze sie nur alle vier Jahre an die gleiche Stelle im Beet. Setze sie im Abstand von 60 cm und etwas tiefer, als

Schlangengurken brauchen eine Rankhilfe.

Mulchen schützt vor Verdunstung.

STECKBRIEF

BOTANISCHER NAME: *Cucumis sativus*

FAMILIE: Kürbisgewächse

LEBENSFORM: einjährig

AUSSAAT UNTER GLAS / IM FREIEN: Ende März bis April / Mai

AUSPFLANZEN UNTER GLAS / IM FREIEN: April bis Mai / Ende Mai und Juni

PLATZBEDARF: 60 x 100 cm

ERNTEZEIT: Juli bis Oktober

sie im Topf waren, an eine Rankhilfe. Häufle sie leicht an, damit die Setzlinge zusätzliche Seitenwurzeln bilden. Das soll den Ertrag steigern und die Pflanzen widerstandsfähiger gegen Krankheiten machen. Achtung: Bei der Verwendung von veredelten Gurkenpflanzen aus dem Gartenmarkt muss die Veredlungsstelle oberhalb der Erdoberfläche bleiben.

WIR SING DURSTIG

Gurken benötigen viel Wasser im Laufe der Fruchtbildung. Als Flachwurzler sind sie nicht in der Lage, in tieferen Schichten Wasservorräte zu finden. Damit die Feuchtigkeit nicht gleich wieder verdunstet, solltest du den Boden um die Pflanzen bedecken. Bestens geeignet ist eine Mulchschicht aus kaliumhaltigen Beinwellblättern, Brennnesselblättern oder Rasenschnitt.

PILZGEFAHR!

Gurken sind anfällig für Krankheiten, allen voran Falschen und Echten Mehltau. Diese Pilze kannst du leicht an gelblichen Flecken (Falscher Mehltau) bzw. weißen, mehlartigen Flecken (Echter Mehltau) erkennen. Was kannst du tun? Du kannst resistente Sorten kaufen wie 'Amber', 'Bella', 'Charlotte' und 'Schubert'. Ansonsten solltest du, sobald du die ersten Anzeichen bemerkst, biologische Spritzmittel ausbringen: z.B. alle drei bis vier Tage verdünnte Magermilch oder E.M.500 (siehe S. 17). Bitte spritze nicht bei vollem Sonnenschein und nur so, dass die Blätter zügig abtrocknen können.

ERNTE & VERWENDUNG

Schlangen- bzw. Salatgurken eignen sich ganz besonders als Rohkost, für Salate, Suppen oder Getränke. Mehrmals in der Woche kannst du frische Gurken mit einem scharfen Messer oder einer Gartenschere ernten. Lass sie nicht zu groß werden. So schmecken sie am besten und haben den höchsten Vitamingehalt. Gekühlt sind sie bis zu zwei Wochen lagerfähig.
Feldgurken wachsen kriechend und werden nur im Freien angebaut. Sie sehen den Schlangengurken ähnlich, allerdings ist ihre Schale stärker, sie sind kürzer, dafür aber dicker. Sie eignen sich dank ihrer Größe wunderbar als Einlegegurken in einer Salzlake bzw. als Essig- oder Dillgurke.

Salatgurke 'Tanja'

Zucchini

Möchtest du vielleicht eine Zucchini haben? Diesen Satz kann man zur Erntezeit oft hören. Wenn es den Pflanzen gut geht, belohnen sie uns mit üppiger Ernte.

SORTENVIELFALT

Uns steht eine beachtliche Auswahl an historischen und neuen Sorten zur Verfügung: grün, gelb, weiß, gestreift, länglich, kugel- oder sternförmig. Rankende Arten wie 'Black Forest' kannst du sogar klettern lassen und für den Anbau in Kübeln eignet sich besonders 'Temprano de Argelia'. Achtung: Bei selbstgewonnem Saatgut besteht die Gefahr, dass sich die Zucchini mit Kürbissen gekreuzt hat. Dabei können bitter schmeckende Nachzuchten entstehen. Iss niemals bittere und damit giftige Zucchini!

Nach der Keimung kühler stellen

STECKBRIEF

BOTANISCHER NAME: *Cucurbita pepo* var. *giromontiina*

FAMILIE: Kürbisgewächse

LEBENSFORM: einjährig

AUSSAAT UNTER GLAS / IM FREIEN: April / Mai

AUSPFLANZEN IM FREIEN: ab Mitte Mai, nach den Eisheiligen

PLATZBEDARF: 100 x 100 cm

ERNTEZEIT: Juli bis Oktober

LIEBER SPÄTER SÄEN

Lass dir Zeit mit der Aussaat bis Mitte April. Zucchini benötigen etwa vier Wochen von der Aussaat bis zur Auspflanzung im Garten. Da Zucchini-Keimlinge empfindliche Wurzeln haben, die beim Pikieren leicht verletzt werden, sät man die Samen gleich in größere Anzuchttöpfe, und zwar 2 bis 3 cm tief. Die optimale Keimtemperatur liegt zwischen 20 und 25 °C. Schon nach einigen Tagen erscheinen die Keimblätter. Um zu verhindern, dass die Sämlinge zu schnell in die Höhe wachsen und instabil werden, stellst du die kleinen Pflanzen dann am besten in etwas kühlere Räume (15 bis 20 °C) stellen.

Du kannst Zucchini auch ab Mitte Mai direkt an Ort und Stelle aussäen oder Jungpflanzen kaufen.

Ab Mitte Mai auspflanzen

Pflanzabstand: 1 m

ZWEI PFLANZEN SOLLTEN REICHEN, UM EINE VIERKÖPFIGE FAMILIE MIT GENÜGEND FRÜCHTEN ZU VERSORGEN.

Frostschutzhaube

Zucchini reifen nach und nach

AB INS BEET

Ohne Frostschutz (z.B. Hauben, Vlies) ist ein Auspflanzen nicht vor Mitte Mai sinnvoll. Damit viele Blüten bestäubt werden, empfiehlt es sich, zwei Zucchinipflanzen zu setzen. Unterschätze den enormen Platzbedarf nicht und pflanze diese, in einem Abstand vom mindestens 1 m, an einen warmen, sonnigen und windgeschützten Platz.

BODENANSPRÜCHE & PFLEGE

Zucchini gehören zu den Starkzehrern, d.h. sie benötigen einen lockeren und nährstoffreichen Boden. Dazu kannst du den späteren Standort im Frühling mit Kompost, Hornspäne, Mist oder anderen organischen Nährstofflieferanten anreichern. Während der Kulturzeit reicht es, etwa alle 14 Tage mit Brennnessel- bzw. Beinwelljauche zu düngen und an trockenen Tagen ausreichend zu gießen. Zucchini verdunsten viel Wasser über die große Blattmasse und sind fast immer durstig. An den Pflanzen kommen beide Blütenformen vor. Zunächst bildet die Zucchini nur die männlichen Blüten mit wesentlich längerem Blütenstiel. Sobald die Temperatur steigt, folgen die weiblichen Blüten zur Fruchtbildung. Leider kommt es vor, dass diese abfallen oder kleine Früchte nicht weiterwachsen. Der Grund ist, dass männliche Blüten bei höheren Temperaturen ihre Befruchtungsfähigkeit verlieren und zusätzlich die Pollen an regnerischen Tagen und bei hoher Luftfeuchtigkeit verkleben. Du kannst aber selbst eingreifen, indem du mit einem Pinsel Pollen auf die Narbe der weiblichen Blüten tupfst.

ERNTE

Ich lasse die Früchte meist nur 20 cm groß wachsen, da sie dann am besten schmecken und zart sind. Hierzu schneide ich mit einem scharfen Messer ab oder drehe sie vorsichtig von der Pflanze. Durch das regelmäßige Abernten werden vermehrt neue Blüten und somit Früchte gebildet. Am besten verwendest du Zucchini so bald wie möglich, da ihre Lagerfähigkeit nur wenige Tage beträgt. Nicht geeignet ist die Lagerung im Kühlschrank, da die Früchte kälteempfindlich sind und schnell an Geschmack verlieren.

Kürbis

Kürbisse haben sich zu einem Trendgemüse entwickelt. Die Erntemenge hat sich bei uns innerhalb der letzten zehn Jahren verdoppelt.

BEEINDRUCKENDE VIELFALT

Derzeit sind etwa 800 verschiedene Speise-, Zier- und Ölkürbisse bekannt. Die Favoriten im Hausgarten sind 'Hokkaido', 'Butternut' und 'Muscat'. Wer auf die Jagd nach einem Größenrekord gehen möchte, sollte sein Glück mit der Sorte 'Atlantic Giant' versuchen.

STECKBRIEF

BOTANISCHER NAME: *Cucurbita maxima, Cucurbita moschata, Cucurbita pepo*

FAMILIE: Kürbisgewächse

LEBENSFORM: einjährig

AUSSAAT UNTER GLAS / IM FREIEN: Mitte April / Mitte bis Ende Mai

AUSPFLANZEN IM FREIEN: Mitte Mai

PLATZBEDARF: 2 bis 3 m^2 pro Pflanze

ERNTEZEIT: September bis Oktober

Bald kann er ausgepflanzt werden.

ZWEI PFLANZEN REICHEN FÜR UNSERE VERSORGUNG MIT KÜRBISSEN.

NICHT ZU FRÜH AUSSÄEN

Bei der Voranzucht solltest du einen Zeitraum von ca. vier Wochen einplanen, bis die Sämlinge groß genug zum Auspflanzen sind. Mitte April lege ich die Samen etwa 2 cm tief in je einen 11er-Topf (11 cm Durchmesser) und stelle die Gefäße bei 20 bis 24 °C auf. So haben die Jungpflanzen für die Vorkultur genügend Platz und müssen später nicht noch einmal umgepflanzt werden. Damit die Kürbisse später gut gedeihen, sollten sie bis zum Auspflanztermin neben den Keimblättern nur drei echte Blätter haben. Nach den Eisheiligen Mitte Mai kannst du Kürbisse auch direkt draußen am gewünschten Platz aussäen.

HIER IST MEIN PLATZ

Kürbisse benötigen einen warmen, sonnigen, sehr humusreichen und nährstoffreichen Standort. Manche Gärtner pflanzen sie direkt auf oder an den Rand eines Kompostplatzes. Der Umzug nach drau-

Hokkaido

ERNTE & LAGERUNG

Mit der Klopfprobe lässt sich schnell feststellen, ob die Kürbisse reif zum Abschneiden sind. Sobald sie hohl klingen, kannst du mit der Ernte beginnen. Ein weiterer Anhaltspunkt ist die sortentypische Farbe. Um die Lagerfähigkeit nicht zu verkürzen, solltest du die Kürbisse mitsamt ihren Stielen ernten und lagern, allerdings spätestens vor dem ersten Frost. Unbeschädigte und ausgereifte Exemplare lassen sich bei 10 bis 15 °C in einem gut gelüfteten Raum über einen längeren Zeitraum lagern, z.B. in einem Holzregal.

ßen sollte erst nach den Eisheiligen erfolgen. Für frühere Anpflanzungen sollte ein Frostschutz vorhanden sein. Hierfür gibt es Hauben aus Kunststoff oder Glas. Auch ein Vlies kann diese Aufgabe erfüllen. Der Platzbedarf von Kürbispflanzen ist enorm – es empfiehlt sich, etwa 2 m^2 Platz pro Pflanze einzuplanen.

PFLEGE & DÜNGUNG

Über ihre zahlreichen und großen Blätter verdunsten Kürbisse viel Wasser. Kein Wunder, dass der Wasserbedarf recht hoch ist. Wir gießen gezielt im Wurzelbereich und möglichst nicht auf die Blätter. Ebenso wie andere Starkzehrer dankt der Kürbis eine zusätzliche Düngergabe (siehe S. 17) mit einer Vielzahl an Früchten. Um zu verhindern, dass diese am Boden nicht faulen, kannst du etwas Stroh, Holzwolle, Steine oder Ähnliches unter die Kürbisse legen. Damit keine unnötige Blattmasse gebildet wird, sollten wuchernde Seitentriebe zurückgeschnitten werden.

Früchte mit Stroh vor dem Faulen schützen

NÄHRWERT

Kürbisse sind gesund und haben außerdem mit nur 25 kcal pro 100 g wenige Kalorien. Sie bestehen zu 90 % aus Wasser und enthalten Kalium, Kalzium, Magnesium sowie Eisen. Das orangefarbene Fruchtfleisch weist ähnliche Mengen Betacarotin wie Möhren auf und ist außerdem eine ausgezeichnete Ballaststoffquelle. Die Kerne und das Kürbiskernöl sind reich an Mineralstoffen, Vitaminen und Omega-3-Fettsäuren. Diese können den Blutdruck senken, sind entzündungshemmend und beeinflussen den Fettstoffwechsel positiv.

Kohlgemüse

Alle heute angebauten Kohlarten stammen vom Wildkohl ab, dessen ursprüngliche Heimat das Mittelmeergebiet ist. Dieser hatte noch keine Köpfe, sondern lockere Blätter.

VON WEGEN „ARME-LEUTE-ESSEN"

Oft war Kohl früher das einzige Gemüse, das in strengen Wintern zur Verfügung stand. Viele Kohlarten lassen sich gut lagern, einwecken oder sauer einlegen und somit lange haltbarmachen. Je später Kohl geerntet wird, desto länger kann man ihn lagern. Damit Kohlgemüse nicht schnell welkt, darf es nie zusammen mit Äpfeln gelagert werden.

STARKZEHRER IM BEET

Diese Gemüsegruppe entzieht dem Boden viele Nährstoffe, ganz besonders Stickstoff. Bereits im Vorfeld sollten die Beete entsprechend versorgt werden. Hierzu eignet sich Kompost, abgelagerter Pferdemist, organischer Dünger oder Bokashi. Kohl benötigt reichlich Abstand zu den Nachbarpflanzen und bevorzugt kalkhaltige, tiefgründige Böden mit gutem Wasserhaltevermögen. Innerhalb der Wachstumsphase ist es ratsam, in etwa vierwöchigen Abständen mit Jauchen, Smoothies usw. nachzudüngen. Um einer Auszehrung des Bodens und der Ausbreitung von Schädlingen entgegenzuwirken, ist nach Kohl eine drei- bis vierjährige Anbaupause mit Arten der gleichen Familie empfehlenswert.

WIE GESUND IST KOHL?

Alle Kohlarten bestehen zu ca. 90 % aus Wasser, haben wenige Kalorien, aber viele Vitamine, Kalzium, Magnesium, Kalium, Eisen, Kupfer und Ballaststoffe. So steckt z.B. in 100 g Weißkohl die gleiche Menge Vitamin C wie in einem Glas Orangensaft.

Kohlrabi

Das einfach anzubauende Kohlgemüse hat eine lange Kulturzeit und lässt sich gut mit anderen Gemüsearten kombinieren.

AUSSAAT & PIKIEREN

Von der Aussaat im Haus bis zu dem Zeitpunkt, an dem du die kleinen Pflanzen an ihren endgültigen Standort setzen kannst, vergehen fünf bis sechs Wochen. Wer ein Gewächshaus, Frühbeet oder Rahmenbeet mit Abdeckung besitzt und die Pflanzen vor Frost schützt, kann schon ab Ende Februar säen und ab Anfang März pflanzen, alle anderen müssen sich noch ein paar Wochen gedulden. Die Samen werden nur wenig mit Erde bedeckt. Bis zur Keimung sollten die Anzuchtgefäße an einem hellen, 18 bis 20 °C warmen Platz stehen, danach etwas kühler (12 bis 15 °C). Sobald die Sämlinge die ersten Laubblätter gebildet haben, werden sie pikiert. Von März bis Juni kannst du Kohlrabi auch direkt an Ort und Stelle aussäen.

PFLANZUNG

Kohlrabi eignen sich perfekt als Vorkultur für nachfolgende Gemüsearten im Frühling, d.h. die ersten Kohlrabi werden geerntet, bevor im Mai die wärmebedürftigeren Gemüsearten in die Beete gesetzt werden. Damit die Kohlrabipflanzen schöne Knollen bilden, dürfen sie nicht tiefer gesetzt werden, als sie im Anzuchtgefäß standen. Bei Sorten wie 'Azur Star' reicht ein Pflanzabstand von 25 cm in der Reihe, bei 'Superschmelz' mit den großen Knollen sollten es 40 cm sein.

Sämlinge

Nicht tiefer pflanzen, als sie im Anzuchtgefäß standen

KOHLRABI IST EIN IDEALER MISCHKULTURPARTNER FÜR FRÜHJAHRSSALATE, ROTE BETE, GURKEN ODER SELLERIE UND WÄCHST SOGAR IN BALKONKÄSTEN.

Violetter Kohlrabi

Riesig: 'Superschmelz'

STECKBRIEF

BOTANISCHER NAME: *Brassica oleracea* var. *gongylodes*

FAMILIE: Kreuzblütler

LEBENSFORM: zweijährig

AUSSAAT UNTER GLAS / IM FREIEN: Ende Februar bis März / März bis Juni

AUSPFLANZEN UNTER GLAS / IM FREIEN: Anfang März bis April / April bis Juli

PLATZBEDARF: 25 x 30 cm ('Superschmelz' 40 x 50 cm)

ERNTEZEIT: April bis November

ERNTE & LAGERUNG JE NACH SORTE

Die meisten Menschen kennen Kohlrabi in Hellgrün. Für alle, die ihr Gemüse selbst ansäen, eröffnet sich eine größere Bandbreite: Wir unterscheiden Frühjahrs- bzw. Sommersorten mit einer Kulturzeit von 12 bis 20 Wochen und Herbstsorten mit 16 bis 32 Wochen. Für den zeitigen Anbau kann ich 'Azur Star' (violett) und für den Herbst 'Superschmelz' und 'Gigant' empfehlen. Diesen beiden können einige Kilo auf die Waage bringen, sie werden nicht holzig und bleiben wunderbar zart. Im Keller oder der Erdmiete lassen sich die Knollen sogar bis ins Frühjahr lagern.

BODENVORBEREITUNG & PFLEGE

Kohlrabi benötig für ein gesundes Wachstum einen lockeren und nährstoffreichen Boden. Zur optimalen Vorbereitung kannst du schon im Herbst Kompost in die Beete einarbeiten. Eine gleichmäßige Versorgung mit Wasser ist wichtig, denn seltene und dafür heftige Wassergüsse führen leicht zum Aufplatzen der Knollen. In der Wachstumsphase dünge ich Kohlrabi zwei- bis dreimal mit einer Pflanzenjauche oder einem Smoothie.

UNBELIEBTE BESUCHER

Kohlrabi wird gern von Erdflöhen befallen. Wenn man diese unliebsamen Gäste nicht direkt sehen kann, so erkennt man ihre Anwesenheit an den runden Löchern in den Blättern. Zur Vorbeugung solltest du die Beete gut feucht halten und mulchen. Schäden können weiter die Kohlfliege, die ihre Eier in den Wurzelhals des Kohlrabis legt, sowie der Kohlweißling verursachen. Der beste Schutz vor all diesen Schädlingen ist der Einsatz von engmaschigen Kulturschutznetzen.

Weißkohl, Rotkohl & Wirsing

Diese drei Kohlarten bereichern unseren Speiseplan erheblich: als Sauerkraut, Salat oder Gemüse und als fester Bestandteil unzähliger Rezepte.

Zu dicht stehende Keimlinge

Gesunde Jungpflanzen

STECKBRIEF

BOTANISCHER NAME: *Brassica oleracea* convar. *capitata* var. *alba* / var. *rubra* / var. *sabauda*

FAMILIE: Kreuzblütler

LEBENSFORM: zweijährig

AUSSAAT UNTER GLAS / IM FREIEN: Februar bis April / April bis Mai

AUSPFLANZEN IM FREIEN: März bis Juli

PLATZBEDARF: mind. 60 x 60 cm

ERNTEZEIT: Juni bis Februar

ANZUCHT

Weißkohl, Rotkohl und Wirsing werden entweder für eine Frühjahrs-/Sommer- oder Herbsternte angebaut. Bei einer langen Kulturzeit (sortenabhängig) ist für den Frühjahrsanbau eine Aussaat ab Februar und für die Herbstsaison zwischen April und Mai notwendig. Ausgesät wird in Anzuchtschalen, die du bei ca. 20 °C an einem hellen Ort aufstellst. Nachdem sich die Keimblätter gebildet haben, versetzt du die kleinen Sämlinge einzeln in größere Töpfe und stellst diese etwas kühler auf.

GENUG PLATZ LASSEN

Die Beete werden vor der Pflanzung gut mit Nährstoffen versorgt. Wer die Möglichkeit hat, kann verrotteten Pferdemist oder Kompost verwenden. Ab der Aussaat dauert es 15 bis 20 Tage, bis die Jungpflanzen mit drei bis fünf Laubblättern ins Beet gesetzt werden können. In diesem Alter wachsen sie am besten an. Alle drei Arten werden groß und benötigen entsprechend Platz. Für mich hat sich ein Pflanzabstand von mindestens 60 x 60 cm bewährt. Nach einigen Tagen häufle ich

Weißkohl

Wirsing

die Pflanzen an. Das gibt mehr Halt und regt zusätzliches Wurzelwachstum an. Für ein gesundes Wachstum benötigen die Pflanzen ausreichend Wasser und etwa alle vier bis sechs Wochen eine Düngung.

UNTERSCHIEDE IM ANBAU & SORTENTIPPS

Die Anforderungen an Beetvorbereitung, Pflege, Gießen und Düngen ist bei allen drei Arten identisch. Erntereif ist Kohl, sobald er entsprechend große Köpfe gebildet hat.

- **Weißkohl** wird in zwei Gruppen eingeteilt. Zum einem die früheren Sorten wie 'Dithmarscher Früher' mit etwas kleineren, spitzen und runden Köpfen – für den Frischverzehr geeignet. Zum anderen die Herbst- und Wintersorten wie 'Krautkaiser' oder 'Lion F1' mit größeren festen Köpfen, die mit Kälte besser zurechtkommen und sich an einem kühlen Platz gut lagern lassen.
- **Rotkohl** wird ebenso in Sommer- und Herbstsorten unterteilt. Wer nicht bis zur Ernte warten möchte, kann schon im Frühsommer vorsichtig junge Blätter entnehmen und für Salat nutzen. Die Lagerung erfolgt wie beim Weißkohl. Alternativ können auch komplette Pflanzen, also die Wurzeln mit den Köpfen, kopfüber aufgehängt werden.
- **Wirsing** kann fast das ganze Jahr über angebaut werden. Im Samenhandel gibt es früh-, mittel- und spätreife Sorten. Bei den frühen Sorten wie 'Vorbote 3' ist eine Kulturzeit von 14 bis 26 Wochen einzuplanen, bei den späteren Sorten wie 'Alaska F1' und 'Langendijská' ist diese Zeit mit 26 bis 40 Wochen wesentlich länger. Wirsing verträgt leichten Frost und Schnee. Für die Selbstanzucht ist es wichtig, die Informationen auf den Samentütchen zu befolgen.

SCHUTZ VOR GEFRÄSSIGEN GÄSTEN

Der beste Schutz vor Kohlweißlingen, Kohlfliegen, Kohlmotte, Kohlblattlaus, Kohleulen und der Weißen Fliege ist ein engmaschiges Kulturschutznetz mit einer Maschenweite von 0,8 x 0,8 mm. Nach der Ernte solltest du alle Überreste der Kohlpflanzen zügig und vollständig von den Beeten räumen. Ein wichtiger vorbeugender Faktor ist die Einhaltung des Fruchtwechsels von mindestens vier Jahren.

Rotkohl

Brokkoli

Er gilt als eines der gesündesten heimischen Gemüse. Der Anbau im Garten lohnt sich, weil frisch geernteter Brokkoli die meisten Inhaltsstoffe enthält.

STECKBRIEF

BOTANISCHER NAME: *Brassica oleracea* var. *italica*

FAMILIE: Kreuzblütler

LEBENSFORM: zweijährig

AUSSAAT UNTER GLAS / IM FREIEN: Ende Februar bis März / Mai bis September

AUSPFLANZEN IM FREIEN: April bis September

PLATZBEDARF: 50 x 50 cm

ERNTEZEIT: Juni bis Oktober + März bis Mai

BROKKOLI DAS GANZE JAHR

Die verschiedenen Brokkolisorten unterscheiden sich in Farbe und Anbauzeit. In Hausgärten werden vor allem Sommer- und Herbstsorten wie 'Calabrese', 'Calinaro' oder 'Summer Purple' angebaut. Wer sich für Wintersorten interessiert, dem kann ich 'Sprouting' ans Herz legen.

NICHT ZU FRÜH AUSSÄEN

Mit der Voranzucht für die Sommersorten kannst du Ende Februar im Haus oder Frühbeet bzw. im Mai draußen beginnen. Die Samen sollten maximal 1 cm mit Erde bedeckt sein und bei Temperaturen zwischen 15 bis 20 °C aufgestellt werden. Sobald die Keimblätter gut ausgebildet sind, kommen die Sämlinge in größere Töpfe. Nach vier bis fünf Wochen ist es an der Zeit, die jungen Pflanzen mit einem Abstand von ca. 50 x 50 cm ins Freie zu setzen. Für kalte Nächte mit Frostgefahr ist ein Frostschutz unentbehrlich. Die Sorten für den Winteranbau säe ich von Juli bis September.

VIER GEWINNT!

Auf ihren Platz ins Beet kommen Brokkolipflanzen mit maximal vier Laubblättern. Warum ist das wichtig? Sind die Pflänzchen schon zu groß gewachsen, neigen sie gern dazu, zu schossen und frühzeitig Blüten zu bilden. Deshalb macht es wenig

Keimlinge

Sinn, früher mit der Aussaat zu beginnen. Nach zwei bis drei Wochen sind die Setzlinge gut angewachsen und stabil genug, um sie mit Erde anzuhäufeln. Dadurch bilden die Pflanzen mehr Seitenwurzeln. Das hat eine verbesserte Wasserversorgung und Standfestigkeit zur Folge.

DIE GEFRORENEN RÖSCHEN WERDEN NUR EINIGE WENIGE MINUTEN LEICHT GEKÖCHELT, DAMIT DIE WERTVOLLEN INHALTSSTOFFE NICHT ZERSTÖRT WERDEN. SO BEHALTEN SIE AUSSERDEM IHREN BISS. DAS KOCHWASSER TRINKE ICH NOCH.

Jungpflanzen mit maximal 4 Laubblättern

Die Sommer- und Herbstsorten bedanken sich mit reichlicher Ernte, wenn sie alle vier bis sechs Wochen eine Düngung erhalten. Der Winteranbau benötigt bei einer ausreichenden Grundversorgung mit Nährstoffen keine weitere Düngung. Das Gemüse soll bewusst langsam wachsen, da es die Kältetoleranz erhöht. Brokkoli überwintert unter einem schützenden Vlies bei maximal –10 °C.

ERNTE & LAGERUNG

Je nach Sorte und Aussaatzeit liegt die Ernte von Brokkoli in den Monaten März bis Mai (Wintersorten) bzw. Juni bis Oktober (Sommer- und Herbstsorten). Für die Kulturzeit kann man bei fast allen Sorten ca. 50 Tage (Wintersorten 90 Tage) planen. Das Gemüse bildet keine Köpfe, sondern Röschen bzw. Blumen aus. Sobald diese ausgewachsen sind, kannst du den Haupttrieb, mit einem 5 bis 10 cm langen Strunk, abschneiden. Wirf den Strunk nicht weg! Er kann ebenfalls gedünstet und verzehrt werden, wenn die harte Außenhaut abgeschält wurde. Ich lagere die Röschen nur wenige Tage im Kühlschrank, denn sie verlieren schnell Wasser und werden welk. Fällt die Ernte üppig aus, friere ich die Röschen roh oder blanchiert portionsweise ein.

BROKKOLIRÖSCHEN KÖNNEN MEHRMALS GEERNTET WERDEN, DA SICH DIESE AUS DEN SEITENKNOSPEN IMMER WIEDER NEU BILDEN.

WAS MACHT IHN SO BESONDERS?

Brokkoli gehört mit seinen Inhaltsstoffen – Vitamin C, Vitamin K1, Eisen, Folsäure, Beta-Karotin, Kalium, Kalzium, Magnesium und Phosphor zu den gesündesten Gemüsearten unserer Gärten. Besonders im Blickpunkt stehen Sulforaphane. Sie sollen Krebswachstum bremsen können und sogar in der Lage sein, Tumorzellen abzutöten. Die höchste Konzentration dieser Stoffe findet man übrigens in den Brokkolisprossen.

Blumenkohl

Schon seit dem 16. Jahrhundert wird Blumenkohl in weiten Teilen Europas angebaut. Seine ursprüngliche Heimat ist der Mittelmeerraum.

Ab ins Beet!

Blätter als Sonnenschutz

UM DAS VERGILBEN DER BLUMENKOHLKÖPFE BEI STARKER SONNENEINSTRAHLUNG ZU VERHINDERN, KANN MAN DIE ÄUSSEREN, GROSSEN BLÄTTER ALS SONNENSCHUTZ NUTZEN.

FRÜHJAHRS- & HERBSTANBAU

Ab Ende Februar kannst du mit der Anzucht von Blumenkohl auf der Fensterbank für den Frühjahrsanbau beginnen. Für den Herbstanbau säe ich im Juni. Die Samen werden nur wenige Millimeter mit Erde bedeckt. Die optimale Keimtemperatur liegt bei ca. 18 °C. Sobald sich die ersten Blätter nach den Keimblättern gebildet haben, werden die Sämlinge in größere Töpfe pikiert und an einen hellen, aber kühleren Platz bei 12 bis 14 °C gestellt. Nach vier bis sechs Wochen sind die Pflanzen so weit gewachsen, dass sie in die Beete gepflanzt werden können.

AB INS BEET!

Lass dich nicht von den zunächst noch kleinen Pflänzchen beim Setzen täuschen. Kohlgewächse werden sehr groß und benötigen entsprechend Platz. Abstände von 50 x 50 cm sollten mindestens eingehalten werden.
Die Sämlinge werden bis zum Ansatz der Keimblätter in den Boden gepflanzt und, wenn sie etwas größer sind, angehäufelt. Bis Mitte Mai ist ein Kälteschutz ratsam. Für ein optimales Wachstum ist ein Bo-

STECKBRIEF

BOTANISCHER NAME: *Brassica oleracea* var. *botrytis*

FAMILIE: Kreuzblütler

LEBENSFORM: einjährig

AUSSAAT UNTER GLAS / IM FREIEN: Ende Februar und März / Mitte April und Juni

AUSPFLANZEN IM FREIEN: April bis Mai / August

PLATZBEDARF: 50 x 50 cm

ERNTEZEIT: Ende Juli und Oktober

Erntereifer Blumenkohl

'Romanesco'

den-pH-Wert zwischen 6 bis 7 wichtig. Eine Bodenuntersuchung oder ein pH-Bodentester aus dem Fachhandel sorgt schnell für Klarheit.

PFLEGE

Von allen Kohlgewächsen hat Blumenkohl den größten Wasserbedarf und benötigt ausreichend Bodenfeuchtigkeit. Fehlt das notwendige Wasser, bleiben Blätter und Köpfe klein. Die Wasserverdunstung kann durch das Aufbringen einer Mulchschicht eingedämmt werden. Wie bereits beschrieben (siehe S. 65) wird auch der Blumenkohl während der Kulturzeit zwei- bis dreimal gedüngt.

ERNTE & VERWERTUNG

Nach etwa acht bis zwölf Wochen sind die Köpfe groß genug und fest. Schneide den ganzen Kopf mit dem Strunk ab. Blumenkohl kannst du einige Tage im Kühlschrank aufbewahren oder auch für längere Zeit an einem kühlen und feuchten Platz. Dann allerdings solltest du die gesamte Pflanze kopfüber mit den Wurzeln aufhängen.

FARBIGE ABWECHSLUNG

Die meisten Blumenkohlsorten, die in Deutschland angebaut werden, haben weiße Köpfe. Durch die verschiedenen Züchtungen mit violetten oder orangefarbenen Köpfen kannst du Abwechslung in Garten und Küche bringen. Die farbigen Sorten haben oftmals einen intensiveren Geschmack und mehr Vitamine. Eine interessante optische Variante mit den typischen Fibonacci-Spiralen ist 'Romanesco', der auch Minarettkohl oder Türmchenkohl genannt wird. Er weist wesentlich höhere Gehalte an Vitamin A und C auf als die weiße Form.

SORTEN-VIELFALT

Für den Frühjahrsanbau baue ich gern die robuste, wenig anspruchsvolle und altbewährte Sorte 'Erfurter Zwerg' an. Die Köpfe bleiben mit 12 bis 16 cm etwas kleiner. Ein bewährter, violetter Blumenkohl ist 'Rosalind', welcher beim Kochen eine smaragdgrüne Farbe bekommt. Für den Herbstanbau nutze ich 'Palla De Neve' und ebenfalls 'Rosalind'.

Grünkohl

Winterzeit ist Grünkohlzeit. Schnee und Frost können diesen Kohl nicht beeindrucken und so verbleibt er bis zur Ernte auf den winterlichen Beeten.

Juli: Zeit zum Umpflanzen

SORTENWAHL

Die verschiedenen Sorten von Grünkohl unterscheiden sich in Farbe, Wuchsform und Größe der Blätter. Für kleinere Gärten eignen sich 'Lerchenzungen', da diese nur 80 bis 100 cm hoch werden, und 'Niedriger Grüner Krauser' (nur kniehoch). Erprobt ist auch die bis zu 1,80 m groß werdende 'Ostfriesische Palme'.

AUSSAAT

Du kannst Grünkohl Ende Mai oder im Juni entweder vorziehen oder direkt an Ort und Stelle 1 bis 2 cm tief aussäen. Achte auf die Anzuchtempfehlungen auf den Samentüten. Die Keimung gelingt am sichersten bei Temperaturen um die 20 °C. Bei der Voranzucht wird nach dem Erscheinen der Keimblätter in größere Töpfe pikiert.

PFLANZUNG & PFLEGE

Grünkohl eignet sich bestens als Nachfrucht von Leguminosen wie Erbsen. Diese lagern Stickstoff im Boden ein, also genau das, was der Kohl benötigt. Spätestens Mitte Juli sollten die Jungpflanzen in die Beete umgepflanzt werden. Ich setze sie bis zu den Keimblättern in den Boden und gebe einen Löffel Algenkalk oder Urgesteinsmehl mit in das Pflanzloch. Dies erhöht den Boden-pH-Wert und wirkt vorbeugend gegen die Pilzkrankheit Kohlhernie. Wichtig ist, die Pflanzen zu Beginn der Kulturzeit regelmäßig zu gießen und alle zwei bis vier Wochen zu düngen.

STECKBRIEF

BOTANISCHER NAME: *Brassica oleracea* var. *sabellica*

FAMILIE: Kreuzblütler

LEBENSFORM: einjährig

AUSSAAT UNTER GLAS / IM FREIEN: Ende Mai und Juni

AUSPFLANZEN IM FREIEN: Juni und Juli

PLATZBEDARF: 50 bis 80 x 50 bis 80 cm

ERNTEZEIT: September bis Dezember

SCHÄDLINGE

Grünkohl wird leider von verschiedenen unliebsamen Tierchen heimgesucht. Erdflöhe, Kohlweißlinge, Kohlherzdrehmücke, Kohlmotte, Kohlfliege, Kohleule und vor allem die Weiße Fliege haben es auf ihn abgesehen. Manchmal sieht man den Befall der Weißen Fliege erst beim Umdrehen der Blätter, denn nur hier nisten sie sich ein. Der effektivste Schutz sind

Kohlkragen

Winterfest

Palmkohl

PALMKOHL

In den letzten Jahren erlebt dieser dekorative Kohl (*Brassica oleracea var. palmifolia*) eine wahre Renaissance. Er schmeckt mild und gilt als sehr gesund, ist allerdings nicht ganz so frosthart wie Grünkohl. Palmkohl wird von April bis Mai wie Grünkohl vorgezogen und, nachdem sich das erste richtige Blattpaar gebildet hat, pikiert. Nach vier bis sechs Wochen erfolgt der Umzug ins Freie. Eine Direktaussaat ist ab Mitte Mai möglich. Pflege und Pflanzabstände sind identisch zu Grünkohl. Am besten schmecken junge Blätter – von unten nach oben ernten. Beliebt ist die bis zu 1 m große Sorte 'Nero di Toscana'.

DAS SUPERFOOD IST BALLASTSTOFFREICH, ENTWÄSSERND UND ENTHÄLT REICHLICH VITAMIN C + E, KALZIUM, KALIUM, EISEN, PHOSPHOR UND FOLSÄURE. DIE INHALTSSTOFFE GEHEN DURCH ERWÄRMUNG WEITGEHEND VERLOREN, WESHALB DIE ROHE VERWENDUNG IN SMOOTHIES UND SALATEN EINE GESUNDE ALTERNATIVE IST.

Kulturschutznetze, die leider nicht überall angewendet werden können, mitwachsen müssen und nicht schön aussehen. Gute Erfahrung habe ich mit Neemöl-Spritzungen gemacht. Sobald die kleinen Tierchen zu sehen sind, besprühe ich die Blätter von unten mit einer Mischung aus 4 ml Neemöl auf 1 l Wasser. Das Öl findest du im Gartencenter oder im Internet. Gegen Kohlfliegen hilft ein Kohlkragen, den du am besten direkt nach der Pflanzung um den Stängel legst. Damit machst du es den Kohlfliegen schwer, ihre Eier am Wurzelhals abzulegen.

ERNTE & VERWERTUNG

Grünkohl ist ein klassisches Wintergemüse, das am besten erst nach dem ersten Frost geerntet wird. Die Kälteeinwirkung bewirkt, dass die Blätter zarter werden und die enthaltene Stärke in Zucker umgewandelt wird. Allerdings gibt es auch Sorten, welche schon ab Ende August erntereif sind. Nachdem alle Blätter abgeerntet wurden, sollte die restliche Pflanze mitsamt den Wurzeln zügig vom Beet genommen werden. Was nicht gleich erntefrisch verwertet werden kann, lässt sich nach dem Blanchieren einfrieren.

Rosenkohl

Rosenkohl verträgt ohne Schutz Temperaturen bis zu –15 °C. Geerntet werden nur die rundlichen, bis zu 5 cm dicken Röschen.

ANZUCHT

Ab April kannst du den Rosenkohl unter Glas vorziehen. Die Samen kommen nur etwa 1 bis 2 cm tief in die Aussaaterde. Wichtig ist es schon zu dieser Zeit, dass die Sämlinge nicht zu warm stehen, sonst besteht die Gefahr, dass sie zu schnell in die Höhe wachsen und instabil werden. Nach dem Erscheinen der Keimblätter werden die zarten Pflänzchen einzeln in größere Töpfe gesetzt und bis zum Auspflanzen gepflegt.

AUSPFLANZEN

Auf dem Beet setze ich den Rosenkohl bis zu den Keimblättern in die Erde, mit einem Mindestabstand von 50 cm und zur Nachbarreihe 60 cm. Durch ein langsames, aber intensives Angießen werden die feinen Wurzeln mit Erde umspült. Anschließend mulchen! Danach solltest du für zwei bis drei Wochen eher sparsam gießen, damit die Pflanze mit ihren Wurzeln in tieferen Schichten nach Wasser sucht und damit stabiler wächst. Die freien Flächen zwischen den Rosenkohlpflanzen kannst du mit schnell wachsenden Salaten, Spinat oder Radieschen nutzen. Wie bei allen Kohlgewächsen ist die Einhaltung der Fruchtfolge zur Vermeidung von Krankheiten und der Auszehrung des Bodens sehr wichtig.

PFLEGE

Rosenkohl benötigt ganz besonders eine ausreichende Wasserversorgung. Wassermangel macht sich oft durch gelbliche Blätter bemerkbar. Spätestens alle vier Wochen wird der Boden mit einer Jätschlinge vorsichtig gelockert und die Rosenkohlpflanzen bekommen im Wurzelbereich eine Düngung mit Brennnesseljauche, Hornspäne, getrocknetem Rinderdung oder Bokashi. Ab einer Höhe von etwa 50 cm binde ich die Pflanzen, die bis zu 90 cm hoch werden können, an Stöcken fest, damit sie die reiche Ernte tragen können.

Bis zu den Keimblättern einpflanzen

STECKBRIEF

BOTANISCHER NAME: *Brassica oleracea* var. *gemmifera*

FAMILIE: Kreuzblütler

LEBENSFORM: zweijährig

AUSSAAT UNTER GLAS / IM FREIEN: April und Mai / Mai

AUSPFLANZEN IM FREIEN: Mai und Juni

PLATZBEDARF: 50 x 50 bis 60 cm

ERNTEZEIT: Ende September bis Februar

An Stützstab anbinden

Erntereifer Rosenkohl

FROST ERWÜNSCHT!

Warum ist eine Frosteinwirkung vor der Ernte wichtig? Die grünen Teile der Pflanze bilden durch Fotosynthese und bei kalten Temperaturen Traubenzucker. Dieser wird in aromatische Zuckerstoffe umgewandelt, was letztlich den typischen süßlich-herben Geschmack ergibt – die sonst dominierenden Bitterstoffe verschwinden. Diesen Umwandlungsvorgang kannst du nicht durch Einfrieren nachahmen. Das kann nur die Natur!

ERNTE & VERZEHR

Die Erntezeit reicht je nach Sorte von Ende September bis weit in den Winter hinein. Geerntet werden die Röschen entweder nach Bedarf vom Stängel weg von unten nach oben oder gleich die kompletten Pflanzen. Etwa sechs Wochen vor einer geplanten Ernte kannst du die oberste Knospe, die sogenannte Terminalknospe, kappen, damit der Rosenkohl nicht mehr weiter in die Höhe wächst, sondern seine Energie für die Röschenbildung nutzt. Soll später geerntet werden, unterlässt man diesen Vorgang lieber, um mögliche Frostschäden zu vermeiden.

LANGE HALTBAR

Am besten pflückst du die Röschen erst kurz vor der Verwendung. So behalten sie die meisten Vitamine. Du kannst Rosenkohl auch einige Tage im Kühlschrank aufbewahren oder die Röschen nach dem Putzen, d.h. dem Entfernen der äußeren Blätter, portionsweise einfrieren. Damit der Rosenkohl bei der späteren Zubereitung nicht matschig wird, kommen die Röschen dann gefroren in das heiße Wasser.

DAS GEMÜSE ENTHÄLT REICHLICH ANTIOXIDANTIEN UND SULFORAPHANE, DIE KREBSHEMMEND WIRKEN SOLLEN. UND DAZU NOCH SENFÖLGLYKOSIDE, KALIUM, EISEN, FOLSÄURE, VITAMIN B6 UND VIEL VITAMIN C. WAS WOLLEN WIR MEHR!?

Pak Choi

Auf den ersten Blick erinnert dieses fernöstliche Gemüse mit seinen weißen bzw. grünen Stängeln und den verschiedenen Rot- und Grüntönen an Mangold.

Pflanzabstand: 30 cm

NACH ZWEI BIS VIER WOCHEN IST ES ZEIT ZUM UMPFLANZEN INS BEET.

AUSSAAT & PFLEGE

Pak Choi, am besten eine schossfeste Sorte, kannst du entweder im März und April vorziehen oder Jungpflanzen im Gartenhandel kaufen und im April auspflanzen. Gesät wird etwa 2 cm tief in Anzuchttöpfe. Nach zwei bis vier Wochen sind die Sämlinge reif für den Umzug auf das Beet, gepflanzt in Abständen von 30 x 30 cm. Das Gemüse reagiert sehr empfindlich auf Kälte und benötigt eine ausreichende Wasserversorgung, jedoch keine Staunässe. Ab und zu düngen, den Boden lockern und mulchen, dann steht einer erfolgreichen Ernte nichts im Weg. Wenn da nicht diese Plagegeister wären …

SCHÄDLINGE

Kohlweißlinge, Blattläuse und vor allem Erdflöhe verderben einem schnell den Spaß. Hier helfen am sichersten Schutznetze und die Einhaltung der Anbaupausen bei Kohlgewächsen.

ERNTE

Du kannst zur Ernte entweder von außen Blatt für Blatt oder die ganze Pflanze abschneiden. Das Gemüse samt Stiel und Blättern eignet sich zum Rohverzehr oder zum Dünsten. Im Kühlschrank lässt sich Pak Choi, eingeschlagen in feuchte Tücher, einige Tage aufbewahren. Zusammen mit der Wurzel kannst du ihn im Keller auch mehrere Wochen lagern.

STECKBRIEF

BOTANISCHER NAME: *Brassica rapa* ssp. *pekinensis*

FAMILIE: Kreuzblütler

LEBENSFORM: einjährig

AUSSAAT UNTER GLAS / IM FREIEN: März und April / Mai bis August

AUSPFLANZEN UNTER GLAS / IM FREIEN: April / Ende Mai bis Anfang September

PLATZBEDARF: 30 x 30 cm

ERNTEZEIT: Juli bis Oktober

Jetzt schon Blatt für Blatt ernten

Chinakohl

Schon sein Name verrät die Herkunft. Dieser Kohl wird in Asien seit Jahrhunderten angebaut, in Mitteleuropa ist er erst seit wenigen Jahrzehnten bekannt.

Sämlinge jetzt vereinzeln

Äußere Blätter abschneiden

STECKBRIEF

BOTANISCHER NAME: *Brassica rapa* ssp. *chinensis*

FAMILIE: Kreuzblütler

LEBENSFORM: einjährig

AUSSAAT IM FREIEN: Juni und Juli

AUSPFLANZEN IM FREIEN: Ende August

PLATZBEDARF: 40 x 50 cm

ERNTEZEIT: September bis November

ANZUCHT & PFLEGE

Das Herbst- und Wintergemüse wird bei einer gesamten Kulturdauer von zehn bis zwölf Wochen entsprechend spät gesät (Saattiefe 1 bis 2 cm). Zu warme Temperaturen führen dazu, dass der Kohl schnell schosst. Der Pflanzabstand im Beet sollte ca. 40 x 50 cm betragen. Flachwurzler wie der Chinakohl können kein Wasser aus tieferen Schichten erschließen und sind auf eine ausreichende Wasserversorgung angewiesen. Eine Mulchschicht verhindert die schnelle Austrocknung und unterdrückt, dass Beikräuter aufgehen. Mögliche Schädlinge und Schutzmaßnahmen sind identisch zu Pak Choi.

ERNTE

Chinakohl hat eine sehr markante Form. Zur Erntezeit im Oktober mit den geschlossenen Köpfen werden die weißlich-grünen, äußeren Blätter abgeschnitten. Der Kohl schmeckt mild und knackig Man kann ihn roh als Salat essen. So bleiben die wertvollen Inhaltsstoffe wie Flavonoide, Chlorophyll und vor allem die Vitamine B und E am besten erhalten. Was ihn besonders auszeichnet und für Selbstversorger so wichtig macht, ist seine sehr lange Lagerfähigkeit: Kühl, dunkel und mit Wurzelballen kann man ihn einige Wochen lagern.

Wurzel- & Knollengemüse

In diesem Kapitel möchte ich dir eine Gemüsegruppe vorstellen, die in unserer Ernährung eine zentrale und wichtige Rolle spielt.

ESSBARES UNTER DER ERDE

Das Kennzeichen dieser Gruppe ist, dass die Pflanzen essbare Speicherorgane in ganz verschiedenen Formen von Wurzeln oder Knollen im Boden bilden und die Verwendung ihrer Blätter nur eine untergeordnete Rolle spielt. Die meisten der sehr nahrhaften Arten lassen sich relativ einfach sowohl im Gemüsebeet als auch in größeren Töpfen bzw. Kübeln anbauen. Vermeide allerdings frischen tierischen Dünger auf die Beete zu bringen, dies wäre eine fatale Einladung für Schädlinge. Neben der nahezu ganzjährigen Anbauzeit sind die lange Haltbarkeit des Erntegutes und die äußerst vielseitigen Verwendungsmöglichkeiten in der Küche die wichtigsten Merkmale.

NICHT NUR KARTOFFELN

Bei Gärtnern und Köchen stehen viele Arten hoch im Kurs: von den ersten Radieschen im Frühjahr bis hin zu den Rüben im Herbst. Sie sind reich an Vitaminen und Mineralstoffen und haben nur wenige Kalorien. Wenn man an Kartoffel, Radieschen, Möhren oder Rote Bete denkt, wird einem schnell bewusst, wie unglaublich vielfältig die Auswahl an historischen Sorten, aber auch Neuzüchtungen innerhalb der einzelnen Gemüsearten ist.

Möhre, Karotte

Etwas zickig im Anbau sind die Möhren. Sie mögen es leider nicht, wenn Gemüse aus derselben Familie vorher im gleichen Beet wuchs.

Zusammen mit schnell keimenden Radieschen aussäen

Auf 3 bis 5 cm in der Reihe vereinzeln

STECKBRIEF

BOTANISCHER NAME: *Daucus carota* ssp. *sativus*

FAMILIE: Doldenblütler

LEBENSFORM: zweijährig

AUSSAAT UNTER GLAS / IM FREIEN: März / April bis Juli

AUSPFLANZEN UNTER GLAS / IM FREIEN: –

PLATZBEDARF: 3 bis 5 x 20 bis 30 cm

ERNTEZEIT: Ende Mai bis Oktober

BODENVORBEREITUNG

Zur Vorbereitung des Bodens kannst du bereits im Herbst bzw. dem zeitigen Frühjahr durchgereiften Kompost in die Erde einarbeiten. Keine gute Idee wäre es allerdings, mit frischem Stallmist oder nur teilweise verrotteten Gartenabfällen zu arbeiten. Hier werden mit großer Sicherheit nicht wohlgesonnene Möhrenliebhaber wie die Möhrenfliege angezogen.

AUSSÄEN IST PROGRAMM

Möhren können auch auf der Fensterbank vorgezogen werden und es gibt neuerdings im Gartencenter auch Jungpflanzen zu kaufen, aber die Regel wird sicherlich weiterhin eine Direktsaat in Reihen (Abstand zwischen den Reihen: ca. 20 cm) ab April in einen tiefgründigen Boden an Ort und Stelle sein. Im Frühbeet oder Gewächshaus beginnt die Aussaat der frühen Sorten bereits im März. Die langsam keimenden Möhrensamen (Keimbehandlung, siehe S. 84) werden etwa 1 bis 2 cm tief in Rillen gesät. Beliebt ist es, einige Radieschensamen unterzumischen, damit die Saatreihe gut zu erkennen ist.

Karotten für die Lagerung, z.B. 'Gelbe Gochsheimer', werden am besten von Mitte Mai bis Ende Juli direkt ins Beet gesät.

DIE SORTE 'PARISER MARKT' BILDET KLEINE RUNDE WURZELN.

Vor der Ernte den Boden lockern

KAROTTEN SIND JE NACH SORTE NACH SIEBEN BIS ZWÖLF WOCHEN ERNTEREIF.

Lange Lagerung in Sandkisten im Keller

SO GELINGT DER ANBAU

Damit die einzelnen Möhren gut und kräftig wachsen, solltest du die oft zu dicht aufgegangenen Sämlinge vorsichtig auf 3 bis 5 cm in der Reihe vereinzeln. Um das Vereinzeln zu vermeiden, eignen sich Saatbänder mit den richtigen Samenabständen. Karotten mögen keine allzu schweren bzw. lehmigen Böden, die gern zum Verschlämmen neigen. Eine Verbesserung erreichst du bei solchen Voraussetzungen durch das Untermischen von Sand oder du baust das Gemüse auf kleinen, etwa 25 bis 30 cm hohen Dämmen, an. Zur Gesunderhaltung des Bodens und zum erfolgreichen Anbau von Möhren ist eine Anbaupause von vier Jahren wichtig – diese Pause bezieht sich auch auf nahe Verwandte, andere Doldenblütler wie Pastinaken oder Sellerie.

SORTENTIPPS

Die Sortenauswahl bei Möhren ist beeindruckend und die Vielfalt wird anhand von Größe, Farbe, Form und Reifezeitpunkt sichtbar. Die Wurzeln können rund sein wie bei 'Pariser Markt' oder auch lang, spitz oder stumpf. Eine sehr frühe bewährte Sorte ist 'Gonsenheimer Treib'. Leckere, lagerfähige Sorten, die ich gern anbaue, sind 'Rothild' und 'Lange Sorte'.

Übrigens werden sehr oft Zwiebeln in direkter Nachbarschaft zu den Möhren gepflanzt. Die beiden unterstützen sich mit ihren Geruchsstoffen bei der Vertreibung der jeweiligen Schadfliegen.

ERNTE & LAGERUNG

Vor der Ernte habe ich mir angewöhnt, zunächst den Boden seitlich zu lockern. Das verhindert oftmals, dass die Karotten beim Herausziehen abreißen. Die frühen Sorten benötigen ca. sieben, spätere zehn bis zwölf Wochen bis zur Erntereife. Am besten schmecken sie ganz frisch nach der Ernte. Ohne die grünen Blätter sind Möhren für einige Tage im Kühlschrank lagerfähig. Für eine längere Lagerzeit kannst du sie entweder in Sandkisten im Keller einschlagen oder mehrere Wochen lang in Erdmieten im Freien lagern.

Pastinake

Dieses Wurzelgemüse war in den letzten Jahren etwas in Vergessenheit geraten. Inzwischen findet man es wieder häufiger als Gemüse und Saatgut.

GUTE VORBEREITUNG IST DER HALBE ERFOLG

Damit Pastinaken gut wachsen können, benötigen sie lockere und tiefgründige Erde. Bei schweren und verdichteten Böden bleiben die Rüben klein, mehrbeinig oder sie verkümmern gänzlich. Um einen Boden aufzulockern eignen sich Gründüngungspflanzen wie Lupinen als Vorkultur. Für die Versorgung mit Nährstoffen, empfehle ich reifen Kompost. Pastinaken und Möhren brauchen zur Keimung bisweilen recht lange bzw. es keimen nur wenige oder überhaupt keine. Der Grund dafür sind die ätherischen Öle in den Samen. Ich gebe das Saatgut daher vor der Aussaat in ein kleines Leinentuch, das verschlossen in ein Wasserbad bei knapp unter 50 °C gelegt wird, bis sich das verfärbte Wasser abgekühlt hat. Diesen Vorgang wiederhole ich ein weiteres Mal. Das Saatgut keimt so tatsächlich wesentlich schneller und zuverlässiger.

Nach der Aussaat 2 cm hoch mit Erde bedecken

Nur alle 7 bis 10 cm sollte eine Pflanze wachsen.

AUSSAAT

Die Aussaatzeit richtet sich in erster Linie nach der gewünschten Erntezeit. So kann in milden Regionen und/oder einem ausreichenden Frostschutz bereits im März in Saatreihen an Ort und Stelle gesät werden – etwa 2 cm tief. Da Pastinaken eine sehr lange Keimdauer und Kulturzeit haben, ist es wichtig, die Reihen zu markieren: Als Partner und Reihenanzeiger kannst du Radieschen oder Schnittsalate säen. Bis die Pastinaken entsprechend Platz benötigen, sind diese beiden schon geerntet. Sobald die Sämlinge deutlich zu sehen sind, sollten sie auf 7 bis 10 cm in der Reihe ausgedünnt werden. Weniger ist mehr! Bitte beachte die Haltbarkeit des

Anspruchslos: Pastinake im Wachstum

Erntereife Pastinaken

PASTINAKE ODER WURZEL-PETERSILIE?

Beide Arten haben eine sehr ähnliche weiß, cremegelbliche Farbe und eine vergleichbare Form. Größe und Geruch sind jedoch verschieden: Pastinaken riechen ähnlich wie Möhren, haben einen kranzförmigen Blattansatz, ein dickeres, bis zu 18 cm breites Kopfteil und werden mit 20 bis 40 cm größer als die Wurzelpetersilie (15 bis 20 cm). Diese riecht intensiv nach Petersilie.

STECKBRIEF

BOTANISCHER NAME: *Pastinaca sativa*

FAMILIE: Doldenblütler

LEBENSFORM: zweijährig

AUSSAAT IM FREIEN: März und April

PLATZBEDARF: 7 bis 10 x 30 cm

ERNTEZEIT: September bis Dezember

Saatguts, denn die Samen sind leider nur zwei Jahre keimfähig.

PLATZ IM BEET

Wenn die Beete in der Vorbereitung mit Kompost versorgt wurden, ist außer dem bedarfsmäßigen Gießen und dem regelmäßigen Entfernen der Beikräuter keine weitere Pflege nötig.

ERNTE & LAGERUNG

Zur Ernte ab September wird der Boden wie bei den Möhren seitlich gelockert und die Rüben dann vorsichtig herausgezogen. Die Erntezeit kann sich bei nicht zu strengen Frösten lange in den Winter hinein verlängern. Frosteinwirkung bewirkt einen milderen und aromatischeren Geschmack. Die Rüben können in feuchten Sand eingeschlagen und in kühlen, nicht zu trockenen Räumen oder Erdkellern aufbewahrt werden.

PASTINAKEN WEISEN EINEN HÖHEREN VITAMIN-C-GEHALT ALS MÖHREN AUF, HABEN VIELE BALLASTSTOFFE, KALIUM UND FOLSÄURE, BEI NUR WENIGEN KALORIEN.

Rote Bete

Dieses Gemüse ist einer der Klassiker im Gemüsegarten. Die einen lieben die Knollen, andere können mit dem erdigen Geschmack wenig anfangen.

STECKBRIEF

BOTANISCHER NAME: *Beta vulgaris* subsp. *vulgaris* var. *conditiva*

FAMILIE: Gänsefußgewächse

LEBENSFORM: zweijährig

AUSSAAT UNTER GLAS / IM FREIEN: April / Mai bis Juli

AUSPFLANZEN IM FREIEN: Mai bis Juli

PLATZBEDARF: 10 x 25 cm

ERNTEZEIT: Juli bis November

Direktaussaat ist erst ab Mai sinnvoll.

AUSSAAT

Rote Bete kannst du ab April vorziehen oder Sämlinge im Pressballen kaufen. Allerdings wird dieses Gemüse meist direkt 2 bis 3 cm tief ins Beet gesät. Es macht wenig Sinn, zu früh mit der Aussaat zu beginnen, denn zur Keimung benötigt der Samen mindestens 7 bis 9 °C und die Sämlinge dürfen keinen Frost abbekommen. Mitte Mai bis Juli ist dafür am besten geeignet. Bei Bedarf solltest du die Pflanzen auf ca. 10 cm Abstand in der Reihe vereinzeln, damit sie genug Platz haben, um große Knollen zu entwickeln. Hierfür ist ebenfalls ein lockerer und nährstoffreicher Boden wichtig.

PFLEGE

Wie bei allen Knollengewächsen solltest du tunlichst vermeiden, frischen tierischen Dünger auf die Beete zu bringen. Dies wäre eine fatale Einladung für Schädlinge. Ebenso ist es wichtig, keine Beete mit Roter Bete zu bepflanzen, auf denen innerhalb der letzten drei Jahre Gemüse aus der gleichen Familie (Gänsefußgewächse), z.B. Mangold und Spinat, angebaut wurde. Sobald die Knollenbildung beginnt, dünge ich die Pflanzen alle drei bis vier Wochen mit Brennnessel- oder Beinwelljauche bzw. einem entsprechenden Smoothie. Rote Bete können mit ihren langen Wurzeln Wasser aus tieferen Schichten nutzen und müssen deshalb weniger gegossen werden als andere Gemüsearten.

ERNTE & LAGERUNG

Vor dem ersten Frost sollten die letzten Rote Beten geerntet werden. Zart und süßlich schmecken vor allem noch jüngere, etwa tennisballgroße Rüben. Mit einer Grabegabel lockere ich seitlich zwischen den Knollen und heble oder

ROTE BETE VERTRAGEN SICH GUT MIT BUSCHBOHNEN, BOHNENKRAUT, DILL, ZWIEBELN ODER KOHLRABI IN MISCHKULTUR.

Jungpflanzen im Pressballen mit 10 cm Abstand setzen

Rote Bete und Buschbohnen

Ebenso ist eine Lagerung in Holzkisten mit Sand im frostfreien Keller mit hoher Luftfeuchtigkeit möglich.

GESUNDES GEMÜSE

Rote Bete gilt als eines der gesündesten Gemüse. Der rote Farbstoff Betanin hat antioxidative und entzündungshemmende Eigenschaften. Die Knollen wirken blutbildend und sind reich an Vitamin B, Kalium, Eisen und Folsäure. Das Gemüse ist kalorienarm und äußerst vielseitig in der Küche nutzbar. Roh, als Salat, Ofengemüse, Chips. Übrigens kannst du auch die Blätter ähnlich wie Mangold verwenden.

Geringelte Sorte 'Tonda di Chioggia'

ziehe diese dann vorsichtig heraus. Die Blätter drehe ich so ab, dass ein 2 bis 3 cm großer Strunk erhalten bleibt. Dies verhindert die schnelle Austrocknung. Knollen, die ich nicht gleich oder in den kommenden Tagen verwerten kann, gebe ich in meine (Waschtrommel-)Erdmiete. Zusammen mit Karotten und Pastinaken kommen nur unbeschädigte Knollen mit etwas feuchtem Sand in das unterirdische Depot. Hier bleiben sie wochenlang den Winter über frisch.

SORTENVIELFALT

Du hast die Wahl zwischen runden, birnen- oder walzenförmigen Züchtungen. Die Farbe variiert von verschiedenen Rottonen, Gelb bis Weiß und sehr interessanten Mischungen. Rote und bewährte Züchtungen sind die 'Rote Kugel 2' und eine historische, französische Sorte mit großen und langen Rüben ist 'Crapaudine'. 'Tonda di Chioggia' mit den weißen und roten Kreisen sieht toll als Salat aus und 'Albina Vereduna' ist eine sehr süße, weißfleischige Sorte mit gelber Schale.

Mai- und Herbstrüben

Rüben können fast das ganze Jahr über angebaut werden, denn sie haben eine kurze Kulturzeit und bringen Abwechslung in unseren Speiseplan.

Aussaat in Reihen

GEMÜSE FÜR FRÜHJAHR & HERBST

Die leckeren und unkomplizierten Mai- und Herbstrüben sind zum einen eine wahre Frühjahrsdelikatesse, zum anderen gerade für Selbstversorger ein ideales und willkommenes Vorrats- und Lagergemüse. Je nach Sorte bilden sie weiße, weißviolette oder gelbe, meist runde Rüben in verschiedenen Größen aus.
Sie eignen sich perfekt für den Frühjahrsanbau, da manche Sorten schon im Mai geerntet werden können, bevor der Platz für nachfolgende Kulturen benötigt wird. Eine sehr bewährte gelbe Sorte ist 'Golden Ball', 'Tokyo Top' ist weiß und eine große, weiß-violette, raschwüchsige Sorte für den ganzjährigen Anbau ist 'Blanc globe à collet violet'. Später im Jahr leeren sich die ersten Beetreihen und es gibt Platz für die Herbstrüben. Für den Herbstanbau kann ich die bekannten 'Teltower Rübchen', 'Ulmer Ochsenhörner' und 'Bortfelder' empfehlen.

STECKBRIEF

BOTANISCHER NAME: *Brassica rapa* subsp. *rapa*

FAMILIE: Kreuzblütler

LEBENSFORM: einjährig

AUSSAAT UNTER GLAS / IM FREIEN: Februar / März bis Oktober

AUSPFLANZEN IM FREIEN: April bis August

PLATZBEDARF: 10 bis 20 x 20 bis 30 cm

ERNTEZEIT: Mai bis Dezember

AUSSAAT

Der Anbau von Mai- und Herbstrüben ist nahezu identisch, lediglich die Aussaatzeit ist unterschiedlich. Du kannst Mairüben, die auch Mairübchen oder Navetten genannt werden, ab März direkt an Ort und Stelle etwa 2 cm tief in eine Saatrille oder breitwürfig auf das Beet säen. Auch eine Vorkultur auf der Fensterbank bzw. im Frühbeet ab Februar ist möglich. Bereits

SIE SIND REICH AN EISEN, KALZIUM, KALIUM, KOHLENHYDRATEN, EIWEISS, PHOSPHOR, NATRIUM, PROVITAMIN A, VITAMIN B1, B2, B6 UND C.

Guter Abstand: 10 bis 15 cm

Mairübe 'Tokyo Top'

Herbstrübe 'Blanc globe à collet violet'

ab 5 °C beginnen die Samen zu keimen. Die optimale Temperatur liegt zwischen 15 bis 18 °C. Damit die Rübchen Platz zum Wachsen haben, ist es wichtig, sie mit 10 bis 20 cm Abstand ins Beet zu pflanzen oder entsprechend auszudünnen. Die Aussaat der Herbstrüben findet im Juli oder August statt.

PFLEGE

Als anspruchslose Mittelzehrer wachsen die Rüben prima in lockerer und humoser Erde und mögen lediglich keine Staunässe. Du kannst sie gut zusammen mit Salaten, Erbsen, Dill, Buschbohnen oder an den Rand von Beeten pflanzen. Es genügt vollkommen, wenn du die Beete frei von Beikräutern hältst, die Erde ab und zu vorsichtig auflockerst und bei Bedarf die Pflänzchen gießt. Eine zusätzliche Düngung ist aufgrund der kurzen Kulturzeit und ihren geringen Ansprüchen an den Nährstoffbedarf nicht notwendig.

ERNTE & LAGERUNG

Etwa sechs bis acht Wochen nach der Aussaat kannst du schon ernten. Bei einer lockeren Erde kannst du die vitamin- und mineralstoffreichen Rübchen vorsichtig aus dem Boden ziehen.
Im Kühlschrank lassen sich frische Rüben bis zu vier Wochen aufbewahren, in einer Erdmiete mehrere Wochen. Du kannst die Knollen als Rohkost, gedünstet, in Suppen oder Gemüsepfannen verwenden.

WER KANN MAIRÜBEN NICHT LEIDEN?

Selten habe ich so intensiv gesehen, was passiert, wenn zwei Gemüse, die sich nicht leiden können, nebeneinander gepflanzt werden. Ich bepflanzte ein Beet im Randbereich mit Mairübchen und etwas später setzte ich in die Mitte drei Zucchinipflanzen. Diese sind buchstäblich nicht von der Stelle gewachsen und ich spielte schon mit dem Gedanken, neue Exemplare zu setzen. Sobald die ungeliebten Mairübchen geerntet waren, bekamen die Zucchini einen richtigen Wachstumsschub.

Rettich

Der Rettich mit seinem markanten scharfen Geschmack gehört mit zu den ältesten Kulturpflanzen, die wir kennen.

STECKBRIEF

BOTANISCHER NAME: *Raphanus sativus*

FAMILIE: Kreuzblütler

LEBENSFORM: einjährig

AUSSAAT UNTER GLAS / IM FREIEN: Februar bis April / März bis August

AUSPFLANZEN UNTER GLAS / IM FREIEN: März und April / April bis September

PLATZBEDARF: 10 bis 15 x 20 bis 30 cm

ERNTEZEIT: Mai bis November

WENN DIE TEMPERATUREN AUCH NACHTS ÜBER 12 °C LIEGEN, KANNST DU RETTICH DIREKT AN ORT UND STELLE IN REIHEN AUSSÄEN.

Vereinzeln ist wichtig für größere Knollen.

AUSSAAT

Rettich wird direkt an Ort und Stelle 1 bis 2 cm tief in Reihen ausgesät. Es gibt für jede Jahreszeit spezielle Sorten und dementsprechend ergibt sich der Aussaatzeitpunkt. Auf den Samentüten stehen alle erforderlichen Angaben. Damit der Frühjahrsanbau gelingt, sollten bei der Keimung Temperaturen um 12 bis 14 °C herrschen – auch nachts. Nachdem die Sämlinge schon einige Zentimeter gewachsen sind, werden sie auf Abstände zwischen 10 bis 15 cm vereinzelt. Genügend Platz ergibt größere Knollen!

DER RICHTIGE PLATZ

An den Boden stellt der Rettich keine besonderen Ansprüche. Nährstoffreich, locker und tiefgründig mag er ihn am liebsten. Während die Frühlingssorten gern in der Sonne wachsen, begnügen sich die Sommerrettiche mit einem halbschattigen Platz.

PFLEGE

Das Gießen solltest du nicht vernachlässigen, denn die Knollen neigen bei zu wenig Bodenfeuchtigkeit dazu, pelzig und scharf zu werden. Wer Schädlinge wie Blattläuse, Erdflöhe, Kohl- und Rettichfliege gänzlich von der Kultur fernhalten möchte, kommt um ein Schutznetz mit 0,8 x 0,8 mm Maschenweite nicht umhin. Eine weitere Maßnahme ist die Einhaltung der Fruchtfolge bzw. eine dreijährige Anbaupause zu anderen Kreuzblütlern.

ERNTE & LAGERUNG

Wie bei den anderen Wurzelgemüsen lockere ich den Boden vor der Ernte seitlich mit einer Grabegabel. Dann kann man den Rettich einfach aus der Erde ziehen. Die Kulturzeit beträgt je nach Sorte acht bis zwölf Wochen. Im Kühlschrank lassen sich die Knollen in feuchten Tüchern oder Papier eingeschlagen zehn bis zwölf Tage lagern. Die schwarzen Winterrettiche können sogar einige Monate gelagert und zu einem Hustensaft verarbeitet werden.

SORTENVIELFALT & VERWERTUNG

Wer gerne Rettiche verzehrt, hat dank der Sortenvielfalt das ganze Jahr über Möglichkeiten, diese anzubauen. Es gibt bis zu 30 cm lange, runde, zapfen- oder walzenförmige Sorten in Weiß, Rosa, Rot oder Schwarz gefärbt. Das sind meine Lieblingssorten für den …

- … Frühlingsanbau: 'Rosa Ostergruß', 'Neckarruhm', 'Dresdner graugelber runder Mai', 'Züricher Markt'.
- … Herbst- und Winteranbau: 'Runder schwarzer Winter'.

Boden lockern vor der Ernte

RETTICH SCHMECKT AM LECKERSTEN ROH IN SCHEIBEN GESCHNITTEN ODER GEHOBELT AUF EINEM BUTTERBROT.

Lange weiße und runde schwarze Rettiche

SCHLEIMLÖSENDER HUSTENSAFT

Hierzu nimmst du einen schwarzen Winterrettich. Das obere Drittel wird abgeschnitten, der untere, große Teil mit einem Löffel ausgehöhlt. An der Spitze bohrst du mit einer Stricknadel ein kleines Loch. In den leeren Rettich kommt brauner Kandiszucker oder Honig und mit dem oberen Teil wird alles verschlossen. Der Zucker zersetzt und verbindet sich mit den Inhaltsstoffen des Rettichs. Die braune, heilende, antibakterielle und schleimlösende Flüssigkeit fließt langsam durch das kleine Loch in ein Glas.

Radieschen

Überall dort, wo eine kleine Ecke frei ist, lassen sich Radieschen anbauen. Auch als Begleitpflanzen zwischen Salaten sind sie perfekt geeignet.

Aussaathilfe

Keimlinge stehen oft zu dicht.

ICH NUTZE BEI RADIESCHEN GERN SAATBÄNDER ODER EIN HOLZLINEAL MIT LÖCHERN (KANN MAN SICH GANZ EINFACH SELBST HERSTELLEN) – DA SIND DIE SAMEN BEREITS IM OPTIMALEN ABSTAND ANGEORDNET.

STECKBRIEF

BOTANISCHER NAME: *Raphanus sativus* subsp. *sativus*

FAMILIE: Kreuzblütler

LEBENSFORM: einjährig

AUSSAAT UNTER GLAS / IM FREIEN: Februar und März / März bis September

PLATZBEDARF: 5 bis 7 x 10 cm

ERNTEZEIT: April bis Oktober

Der Anbau von Radieschen ist ein lohnenswertes und erfolgversprechendes Projekt. In einem Frühbeet kannst du mit der ersten Aussaat schon im Februar beginnen. Die Samen werden in Saatreihen nur etwa 1 cm tief gesät. Oft stehen die Sämlinge nach der Keimung viel zu nahe beieinander und müssen vereinzelt werden, damit sich die Knollen prächtig entwickeln können.

WO IST DER RICHTIGE PLATZ?

Radieschen wachsen problemlos in lockeren und humosen Böden. Wer keinen großen Garten hat, hat die Möglichkeit, im Balkonkasten oder in Töpfen Radieschen anzubauen.

PFLEGE

Radieschen sind durstige Pflanzen. Damit sie nicht holzig und hart werden, solltest du sie immer ausreichend feucht halten und nicht zu spät ernten. Auf zusätzliche Düngergaben in der Wachstumszeit kann

Befall mit Erdflöhen

verzichtet werden bzw. wäre frischer Kompost oder gar Mist eher schädlich und würde sogar noch Schädlinge anlocken. Gelegentlich findet man runde Löcher in den Blättern, verursacht durch Erdflöhe, oder Madenfraßgänge der Kohlfliege in den Knollen. Zum Schutz vor Krankheiten und Schädlingsbefall solltest du zwischen den Anbauphasen eine vierjährige Anbaupause einhalten.

ERNTE & VERWENDUNG

Die rasche Kulturzeit von drei bis vier Wochen von der Aussaat bis zur Ernte ermöglicht es uns, jede noch so kleine freie Stelle im Beet für einige wenige Wochen zu bepflanzen. Was gibt es Schöneres als ein Butterbrot mit frischen Radieschen und Schnittlauch oder einen Sommersalat mit roten Farbtupfern? Ganz besonders bin ich vom Geschmack der alten Sorten, beispielsweise 'Würzburger', begeistert. Ich ernte immer nur die Menge, die gleich verzehrt wird. Im Kühlschrank kann man die kleinen Knollen blattlos etwa zwei Tage aufbewahren, ohne dass diese sichtbar austrocknen und schrumpeln. Alternativ kannst du sie auch in eine Schale mit Wasser legen.

! LIEBER KLEIN ERNTEN

Farbenprächtige Sortenvielfalt

LIEBLINGSSORTEN

Die verschiedenen Sorten unterscheiden sich hauptsächlich in Farbe und Wuchsform. Es gibt unterschiedliche Rottöne: rotweiße, rosa, violette und gelbe und sehr imposante zweifarbige Züchtungen. Die meisten Knollen sind rund, es gibt auch längliche und ovale Sorten. Achte beim Kauf der Samen darauf, für welche Jahreszeit sie geeignet sind bzw. ob es sich um Freiland- oder Gewächshaussorten handelt. Ich baue gern ältere Sorten wie 'Würzburger', aber auch 'Parat' und 'Riesenbutter' an.

Kartoffel

Im 16. Jahrhundert haben die Spanier sie von Südamerika nach Europa gebracht. Heute werden in Deutschland 57 Kilogramm pro Kopf und Jahr verzehrt.

Saatkartoffeln 8 bis 10 cm tief auslegen

VORKEIMEN

Viele Gärtner beginnen Ende Februar damit, die Kartoffeln vorzukeimen. Dies bewirkt, eine frühere Ernte, einen höheren Ertrag und eine geringere Anfälligkeit für Krankheiten. Hierzu nimmt man eine kleine Holzkiste oder einen stabilen Karton und legt seine Saatkartoffeln bis zur Hälfte in Erde. Damit diese nun zu keimen beginnen, kommen die Kartoffeln an einen hellen und ca. 12 bis 15 °C warmen Platz. In Laufe der nächsten Tage bilden sich nun Keimaugen und später schon die ersten Blätter.

LASS DIE KARTOFFELN VOR DEM SETZEN AN EINEM HELLEN, 12 BIS 15 °C WARMEN ORT VORKEIMEN.

STECKBRIEF

BOTANISCHER NAME: *Solanum tuberosum*

FAMILIE: Nachtschattengewächse

LEBENSFORM: einjährig

VORKEIMEN: Ende Februar

AUSPFLANZEN IM FREIEN: März bis Mai

PLATZBEDARF: 30 bis 35 x 60 bis 70 cm

ERNTEZEIT: Juni bis September

AUSPFLANZEN

Kartoffeln werden als Saatkartoffeln, mit den Trieben nach oben etwa 8 bis 10 cm tief und in Abstand von ca. 30 cm in Reihen gelegt. Kartoffeln mögen gern einen warmen, sonnigen Platz und einen wasserdurchlässigen, tiefgründigen und eher lockeren Boden. Stark verdichtete Erde, die zur Staunässe neigt, ist nicht geeignet. Die Saatreihen werden mit Erde angehäufelt, wodurch die Gräben und Hügel auf einem Kartoffelbeet entstehen. Diese Anbauweise verschafft den Kartoffeln mehr Platz und Wärme zum Treiben. Die Frühkartoffeln kommen bereits ab Mitte März und einem geeigneten Frostschutz in die Erde. Spätere Sorten ab Ende April.

ANHÄUFELN & PFLEGEN

Sobald die Stiele der Kartoffeln etwa 20 bis 25 cm aus der Erde schauen, wird weiter angehäufelt, bis die Blätter wieder bis zur Hälfte verdeckt werden. Dadurch verbreitern sich die Hügel immer mehr, was zu einer vermehrten Knollenbildung und somit zu einer größeren Ernte führt. Es verhindert gleichzeitig, dass Kartoffeln, die nicht mit Erde abgedeckt sind, grün und giftig werden. Bei Bedarf Kartoffelkäfer ablesen, wässern und nachdüngen, z.B. mit Gesteins- oder Hornmehl.

ERNTE

Nach vier bis fünf Monaten sind die Kartoffeln erntereif. Der richtige Zeitpunkt ist leicht an den welkenden Blättern zu erkennen. Nimm eine Grabegabel und keinen Spaten, um die Knollen aus der Erde zu graben. Zum Einlagern im Keller solltest du nur wirklich trockene und unbeschädigte Kartoffel verwenden. Perfekt geeignet sind Kartoffelkisten, die an einem dunklen Platz bei etwa 4 bis 12 °C stehen. Äpfel und Birnen dürfen nicht im gleichen Raum gelagert werden!

DIE FORMEN- UND FARBENVIELFALT BEI KARTOFFELN IST RIESIG. IN DEUTSCHLAND GIBT ES CA. 200 UND WELTWEIT 4000 VERSCHIEDENE SORTEN. DIESE UNTERSCHEIDEN SICH IN FARBE, FORM UND KOCHEIGENSCHAFTEN.

Anhäufeln für mehr Knollen

Nachdüngen mit Gesteinsmehl

Welke Blätter? Endlich Erntezeit!

ANBAU IN SÄCKEN

Kartoffeln lassen sich auch wunderbar in Säcken anbauen. Hierzu befülle ich meine Kartoffelsäcke etwa zur Hälfte mit Erde und lege fünf Saatkartoffeln im Kreis hinein. Wie im Beet wird immer wieder Erde bis zur halben Höhe der treibenden Blätter aufgefüllt. Seitlich werden neue Knollen gebildet und der Sack füllt sich bis zum oberen Rand. Zur Ernte schütte ich dann den gesamten Inhalt aus und kann die Kartoffeln bequem einsammeln.

Knollensellerie

Das typische Suppengemüse verleiht auch anderen Speisen ein würziges Aroma und einen herzhaften Geschmack.

ANZUCHT

Bei Temperaturen um die 20 °C kannst du schon frühzeitig ab Ende Februar mit der Aussaat auf der Fensterbank beginnen. Sellerie gehört zu den Lichtkeimern, deshalb dürfen seine Samen nicht oder nur ganz dünn mit Erde bedeckt werden. Wie bei den meisten anderen Gemüsen, wird die Saat nach dem Auflaufen kühler gestellt, jedoch nicht kälter als 15 °C. Sobald die ersten Laubblätter nach den Keimblättern gewachsen sind, sollten die Sämlinge einzeln in Töpfe pikiert werden.

Erste echte Laubblätter sind sichtbar.

STECKBRIEF

BOTANISCHER NAME: *Apium graveolens* var. *rapaceum*

FAMILIE: Doldenblütler

LEBENSFORM: zweijährig

AUSSAAT UNTER GLAS / IM FREIEN: Ende Februar und März / April bis Juni

AUSPFLANZEN IM FREIEN: Mai bis Juli

PLATZBEDARF: 40 x 40 cm

ERNTEZEIT: September bis Dezember

ANPFLANZEN INS FREIE

Vom Säen bis zum Auspflanzen ins Beet vergehen etwas sechs bis acht Wochen. Zum Ende der Spätfröste im Mai kannst du die Pflanzen im richtigen Abstand ins Freie pflanzen. Ein lockerer und nährstoffreicher Boden mit einer guten Wasserspeicherfähigkeit in sonniger Lage sind die besten Voraussetzungen, um Sellerie erfolgreich anzubauen. Ich setze Knollensellerie zur besseren Knollenbildung deutlich höher als bei der Anzucht. Bewährt haben sich Pflanzabstände von 40 x 40 cm. Etwas größere Abstände wirken der Septoria-Blattfleckenkrankheit entgegen, die von einem Pilz verursacht wird. Das Schadbild sind hellbraune Flecken mit schwarzen Punkten an den Blättern.

PFLEGE & MISCHKULTUR

Für die Pflege ist eine ausreichende Wasserversorgung sowie eine zweimalige Düngergabe, z.B. mit Hornspänen oder Brennnesseljauche, ideal. Achte beim Mulchen darauf, dass die Knolle frei bleibt. Die ätherischen Öle des Knollenselleries vertreiben in Mischkultur mit Kohl gepflanzt die Schädlinge der

SORTENWAHL

Die Sorten werden nach der Lagerfähigkeit, der Schossfestigkeit, der Knollengröße und der Anfälligkeit gegenüber Krankheiten unterschieden. Beliebt und sehr pflegeleicht sind 'Prinz' und die alte, robuste, gegen die Septoria-Blattfleckenkrankheit widerstandsfähige Sorte 'Bergers weiße Kugel'.

Kohlpflanzen, daher ist er bei vielen Gärtnern sehr beliebt.

ERNTE & LAGERUNG

Wie der Name schon sagt, bildet dieser Sellerie als Speicherorgan eine große, knorrige Knolle aus. Diese kann rund, oval oder kegelförmig sein. Da die Knollen nicht frosthart sind, müssen sie vor den ersten Frostnächten geerntet werden.

Das beliebte Wintergemüse ist sehr gut lagerfähig und dank seiner ätherischen Öle fester Bestandteil von Suppengemüse. Viele Gärtner machen sich „Suppengemüse“ mit Sellerie, Lauch und Karotten zurecht und frieren es portionsweise ein. Die Knollen kannst du, eingeschlagen in ein feuchtes Tuch oder Papier, einige Tage im Kühlschrank aufbewahren oder in der Erdmiete lagern.

Zur besseren Knollenbildung höher pflanzen, als er bei der Anzucht stand

Beim Mulchen sollte die Knolle frei bleiben.

Erntereif

Knollenfenchel

Während viele Menschen den heilenden Tee aus den Samen des Gewürzfenchels kennen, ist der Knollenfenchel mit dem Anisgeschmack eher unbekannt.

STECKBRIEF

BOTANISCHER NAME: *Foeniculum vulgare* var. *azoricum*

FAMILIE: Doldenblütler

LEBENSFORM: zweijährig

AUSSAAT UNTER GLAS / IM FREIEN: Ende Februar bis April / April bis Juli

AUSPFLANZEN IM FREIEN: April bis August

PLATZBEDARF: 30 x 30 cm

ERNTEZEIT: Juli bis Oktober

Sämlinge einzeln in größere Gefäße pikieren

Nach 6 Wochen kannst du auspflanzen.

AUSSAAT & PFLANZUNG

Ende Februar kann mit der Aussaat im Haus begonnen werden. Ca. 2 cm tief kommen die Samen bei 20 bis 22 °C in die Aussaaterde. Nachdem sich die Keimblätter gebildet haben, kannst du die Sämlinge in größere Gefäße pikieren und bei 15 bis 18 °C weiterkultivieren. Nach etwa sechs Wochen ist es dann so weit, dass die kleinen Pflanzen ins Freie in Abständen von 30 cm und nicht zu tief gepflanzt werden können. Selbstverständlich ist ein Auspflanzen vor Mitte Mai nur mit Frostschutz sinnvoll.

BODENANSPRÜCHE & MISCHKULTUR

Fenchel ist ein genügsames und unkompliziertes Gemüse, das bis zu 60 cm hochwachsen kann. Wenn der Boden humos,

HEISSES WASSER HILFT WUNDER

Manche Fenchelsamen keimen sehr langsam oder auch gar nicht. Um die Keimfähigkeit zu steigern, habe ich gute Erfahrungen damit gemacht, die Samen vor der Aussaat für ca. 30 Minuten in 50 °C heißes Wasser zu legen. Die Saat geht nach meinen Erfahrungen dann schneller und zuverlässiger auf.

KNOLLENFENCHEL ENTHÄLT GROSSE MENGEN KALIUM, BETACAROTIN, EISEN UND FOLSÄURE. HINZU KOMMEN DIE VITAMINE C, B1, A UND E SOWIE VIELE BALLASTSTOFFE, DIE GIFTE UND FETTE IM DARM BINDEN UND ZUR EINER SENKUNG DES CHOLESTERINSPIEGELS FÜHREN.

2 Wochen vor der Ernte anhäufeln

Knollen knapp über dem Boden abschneiden

locker, nährstoffreich und in sonniger Lage ist, steht einem erfolgreichen Anbau nichts mehr im Wege. Als günstige Mischkulturpartner eignen sich z.B. Gurken, Blumenkohl, Salate und Radieschen. Nicht geeignete Partner sind dagegen Bohnen, Kohlrabi, Pastinaken und Tomaten.

PFLEGE & DÜNGUNG

Damit die Knollen sich prächtig entwickeln können, ist eine gleichmäßige Bodenfeuchtigkeit, eine einmalige, zusätzliche Düngung und das Lockern des Bodens und Jäten angebracht. Zwei Wochen vor der Ernte häufle ich die Knollen mit feinkrümeliger Erde an, damit diese zart und weiß bleiben.

ERNTE & LAGERUNG

Von der Aussaat bis zur Ernte können zehn bis zwölf Wochen vergehen. Die Knollen werden knapp über dem Boden abgeschnitten und wenn die Wurzeln in der Erde verbleiben, treiben neue Blätter aus. Diese können in Salaten oder Suppen genutzt werden. Leider besitzt der Knollenfenchel keine gute Lagerfähigkeit, wird schnell holzig, trocknet aus und verliert seine wertvollen Vitamine. Im Kühlschrank kann man die feucht eingeschlagenen, blattlosen Knollen einige Tage aufbewahren. Für längere Lagerzeiten kannst du geeignete Keller und Erdmieten nutzen. Eine weitere Alternative ist es, Fenchel – roh oder blanchiert – einzufrieren.

Hülsenfrüchte

Bei Hülsenfrüchten handelt es sich um die Samen von Pflanzen, die in einer Hülse reifen. In vielen Regionen dieser Erde gehören sie zu den wichtigsten Grundnahrungsmitteln.

GROSSE VIELFALT

Hülsenfrüchte spielen vor allem in der fleischlosen Ernährung als pflanzlicher Eiweißlieferant eine zentrale Rolle. Bohnen, Erbsen, Linsen, Kichererbsen und heimische Lupinen finden sich in vielen vegetarischen Fertigprodukten als Sojaersatz. Neben Eiweiß liefern sie wertvolle Vitamine, Mineralstoffe, Eisen, Magnesium, Zink und Ballaststoffe, die für eine langanhaltende Sättigung sorgen. Menschen mit überhöhtem Harnsäurespiegel sollten wissen, dass Linsen, Dicke Bohnen und Erbsen reich an Purinen sind. Zum Rohverzehr sind die Hülsenfrüchte bis auf wenige Ausnahmen nicht geeignet.

STICKSTOFFSAMMLER

Leguminosen, wie die Hülsenfrüchte noch genannt werden, gehören mit zu den ältesten Pflanzen der Erde und haben ganz besondere Fähigkeiten. Sie sind in der Lage, Stickstoff aus der Luft aufzunehmen und in unterirdische Wurzelknöllchen einzulagern. Dadurch verbessern sie die Fruchtbarkeit des Bodens und seine Struktur. Somit eignen sich diese Arten als perfekte Vorkultur für Starkzehrer wie Kohlgewächse. Zum Ende der Saison schneide ich das vertrocknete Kraut erdnah ab und lasse die Wurzeln samt den Wurzelknöllchen mit den Stickstoffeinlagerungen für die nachfolgenden Kulturen im Boden.

Stangenbohne

Wie wäre es mit einem Zelt aus Bohnen? Das Klettergemüse rankt hoch hinaus, blüht wunderschön und beschenkt uns mit zahleichen leckeren Hülsen.

Horstsaat

AUSSAAT

Stangenbohnen werden entweder im April in Töpfen bzw. Anzuchtschalen drinnen vorgezogen oder zwischen Mitte/Ende Mai und Anfang Juli etwa 3 bis 5 cm tief an Ort und Stelle ausgesät. Das Rankgerüst sollte bereits stehen, wenn die jeweils sechs bis zehn Samen als Horstsaat um die Stangen gelegt werden. Zur besseren Keimung kann man die Bohnensamen einen Tag zuvor in Wasser einweichen. Damit die Sämlinge schneller ihren Weg nach oben finden, kannst du diese vorsichtig um die Stangen wickeln, wenn sie schon einige Zentimeter gewachsen sind.

WACHSTUM & PFLEGE

Die Triebe winden sich an Stützen in kreisenden Bewegungen gegen den Uhrzeigersinn nach oben. Die Stangenbohnen wachsen am besten in einem warmen, lockeren und tiefgründigen Boden, in sonniger oder halbschattiger Lage. Regelmäßig gießen, Unkraut jäten und dabei die Erde vorsichtig aufhacken – das ist schon alles, was an Pflege zu machen ist. Damit das Wurzelwachstum angeregt wird, kannst du um die Stängel den Boden anhäufeln. Sobald die Triebe an der Spitze des Rankgerüstes angekommen sind, kannst du diese kürzen. So wird ein weiteres Höhenwachstum unterbunden und

Eine Rankhilfe ist nötig.

es bleibt mehr Kraft zur Hülsenbildung. Als Mischkulturgemüse eignen sich z.B. Sellerie, Salat, Dill, Rüben und als optimale Gewürzpflanze Bohnenkraut.

STECKBRIEF

BOTANISCHER NAME: *Phaseolus vulgaris* var. *vulgaris*

FAMILIE: Schmetterlingsblütler

LEBENSFORM: einjährig

AUSSAAT UNTER GLAS / IM FREIEN: April und Mai / Mai und Juni

AUSPFLANZEN IM FREIEN: Mai und Juni

PLATZBEDARF: 40 bis 60 cm zwischen den Stangen

ERNTEZEIT: Juli bis Oktober

ERNTE

Geerntet werden junge und zarte Hülsen, die schon Samen ausgebildet haben. Da Stangenbohnen nach und nach blühen, zieht sich die Ernte über einen längeren Zeitraum hin.

SORTEN & VERWANDTE

Stangenbohnen gibt es in Grün ('Helda', 'Neckarkönigin'), Gelb ('Goldfeld', 'Golden Gate', 'Neckargold') oder Violett ('Blauhilde', siehe S. 100). Neben den Stangenbohnen werden auch Prunk- oder Feuerbohnen an Rankgerüsten angebaut. Diese sind weniger kälteempfindlich und wachsen schneller. Besonders beliebt für Bohnenzelte und Zaunbegrünungen sind farbprächtige Sorten wie 'Rotbühende Feuerbohne' oder 'Preisgewinner'.

RANKHILFEN

Kletterhilfen sind nicht nur notwendig für das Wachstum der Stangenbohne, sondern zugleich eine optische Bereicherung für den Garten: Systeme mit festen Stangen aus Holz, Bambus bzw. Kunststoff oder Elemente, die man nach Belieben ausziehen kann, und Stützen aus Seilen und Stricken. Diese haben den Vorteil, dass sie beim Lagern weniger Platz benötigen und schnell auf- und wieder abgebaut sind. Verrottbare Seile, z.B. aus Kokos, Sisal oder Hanf, kann man im Herbst einfach mit den restlichen Pflanzen auf dem Kompost entsorgen.

DIE BOHNEN DÜRFEN NICHT ROH VERZEHRT WERDEN. SIE ENTHALTEN GIFTIGES PHASIN, DAS ERST DURCH DEN KOCHVORGANG ZERSETZT WIRD.

Bohnen anhäufeln

Junge und zarte Hülsen ernten

Buschbohne

Den wärmeliebenden buschigen Verwandten der Stangenbohnen reicht ein normales Gartenbeet, denn klettern wollen und können sie nicht.

VORANZUCHT IST AB APRIL BEI 20 °C MÖGLICH. NACH DER KEIMUNG ETWAS KÜHLER STELLEN.

Vorgezogene Pflanzen ab Mitte Mai samt Erde ins Beet pflanzen

Horstsaat ins Beet

AUSSAAT

Genau wie Stangenbohnen kann man Buschbohnen entweder ab Mitte Mai bis Ende Juni direkt säen oder schon ab April drinnen vorziehen: Dazu gibst du vier bis sieben Samen kreisförmig, etwa 3 bis 4 cm tief in 11-er Blumentöpfe. Bei ca. 20 °C keimen die Bohnen an einem hellen Ort in wenigen Tagen und werden dann etwas kälter gestellt. Nach den letzten Spätfrösten im Mai kommt der komplette Saatballen, Sämlinge samt Erde, an Ort und Stelle ins Beet. Das Vorziehen bringt einen Kulturvorsprung, den die Pflanzen bei einer direkten Horstsaat mit fünf bis sieben Samen ab Mitte Mai allerdings schnell aufholen.

AUF DEM BEET

Die Bodenansprüche sind identisch zu denen der Stangenbohnen. Der entscheidende Unterschied ist die Wuchsform. Buschbohnen werden, je nach Sorte, nur zwischen 30 bis 60 hoch und benötigen keine Rankhilfe. Der Abstand von 30 x 30 cm zu den Nachbarpflanzen ermöglicht ein ungehindertes Wachstum in alle Richtungen und erleichtert das Absammeln der reifen Hülsen. Das ideale Beikraut ist auch hier das Bohnenkraut, sowohl auf dem Beet als auch später in der Küche.

Pflanzen anhäufeln für mehr Stabilität

Hülsen abknipsen oder abschneiden

MEINE LIEBLINGS-SORTEN

Mit grünen Hülsen:

- 'Amethyst'
- 'Brillant'
- 'Delinel'
- 'Maxi'

Mit gelben Hülsen:

- 'Berggold'
- 'Golddukat'
- 'Golden Teepee'
- 'Wachs Beste von Allen'

PFLEGE

Solange die Sämlinge noch nicht viel Platz benötigen, sollte der umliegende Boden unkrautfrei und locker bleiben. Später ist das ganze Beet so dicht bewachsen, dass entsprechende Arbeiten nicht mehr nötig und möglich sind. Wichtig für eine gute Entwicklung ist eine ausreichende Wasserversorgung, und das Anhäufeln der Pflanzen sorgt für mehr Stabilität. Während der Kulturzeit sind Düngergaben nicht erforderlich, denn Buschbohnen sind in der Lage, Stickstoff aus der Luft in Knöllchenbakterien an den Wurzeln einzulagern und zu nutzen.

STECKBRIEF

BOTANISCHER NAME: *Phaseolus vulgaris* var. *nanus*

FAMILIE: Schmetterlingsblütler

LEBENSFORM: einjährig

AUSSAAT UNTER GLAS / IM FREIEN: April / Mitte Mai und Juni

AUSPFLANZEN IM FREIEN: Mitte Mai und Juni

PLATZBEDARF: 30 x 30 cm (zwischen Horsten mit je 4 bis 6 Samen)

ERNTEZEIT: Juli bis September

ERNTE

Etwa zwei bis drei Monaten nach der Aussaat beginnt die Zeit der Ernte, die sich über mehrere Wochen hinstreckt. Du solltest die Bohnen nicht zu groß und damit zäh und holzig werden lassen, sondern häufiger und dafür in kleinere Mengen pflücken. Das hat auch zur Folge, dass die Buschbohnen angeregt werden, neue Blüten zu bilden. Die Hülsen kann man entweder mit den Fingern abknipsen oder mit einer Gartenschere abschneiden. Sie abzureißen birgt die Gefahr, die Pflanzen auszureißen.

AUFBEWAHRUNG & VERWENDUNG

Bohnen sind entweder für den baldigen Frischverzehr oder zum Einfrieren geeignet. In einem feuchten Tuch eingeschlagen solltest du sie nicht länger als zwei Tage im Kühlschrank aufbewahren. Größere Mengen lassen sich prima kleingeschnitten roh oder blanchiert, portionsweise, zusammen mit einem Zweig Bohnenkraut, einfrieren.

Erbse

Wir unterscheiden Markerbsen, Palerbsen und Zuckererbsen – je nach Aussaat- und Erntezeit, Form, Farbe, Wuchsform und Verwendungsmöglichkeiten.

Direktsaat in Reihen

AUF DER SAMENTÜTE FINDEST DU DIE ANGABEN, WIE HOCH DIE SORTEN WACHSEN WERDEN.

STECKBRIEF

BOTANISCHER NAME: *Pisum sativum*

FAMILIE: Schmetterlingsblütler

LEBENSFORM: einjährig

AUSSAAT UNTER GLAS / IM FREIEN: Ende Februar und März / März bis Mai

AUSPFLANZEN IM FREIEN: März bis Mai

PLATZBEDARF: 5 x 30 bis 50 cm

ERNTEZEIT: Mai bis Juli

ANSAAT

Eine Voranzucht ist ab Ende Februar möglich. Hierzu kommen jeweils zwei Samen in ein Anzuchttöpfchen. Sobald der Boden abgetrocknet ist und Temperaturen von über 8 °C (meist im März) erreicht sind, kannst du alternativ auch mit der Aussaat der ersten Erbsen draußen beginnen. Der Zeitpunkt ist sortenabhängig (siehe Samentüten). In einer etwa 5 cm tiefen Rille und einem Abstand von 5 cm wird gesät, noch vor dem Verschließen des Bodens angegossen und die Erde fest angedrückt.

Anfangs ist es sinnvoll, die Saat mit einem Vlies abzudecken: Es wärmt zusätzlich und schützt die Samen vor hungrigen Vögeln.

ANSPRÜCHE AN DEN BODEN

Erbsen stellen keine besonderen Ansprüche an den Boden. Dieser sollte lediglich weder stark verdichtet noch nass sein.

RANKHILFE NÖTIG

Die meisten Sorten benötigen eine Rankhilfe zum Emporwachsen. Das Klettergerüst kann aus Reisig, dünnen Holzstäben, Bambus, Ziehzäunen oder auch auf Holzrahmen festmontierten Drahtgeflechten (siehe S. 107) bestehen.

Rankhilfe

Erntezeit

ERBSEN SORGEN DURCH STICKSTOFFSAMMLUNG AUS DER LUFT IN WURZELKNÖLLCHEN FÜR EINE DÜNGUNG DER NACHFOLGENDEN KULTUREN.

Wurzeln nach der Ernte im Boden lassen

PFLEGE & ERNTE: UNTERSCHIEDE DER GRUPPEN

- **Markerbsen** (*Pisum sativum* convar. *medullare*). Da sie einen wärmeren Boden benötigen, werden sie entsprechend etwas später (von April bis Juni) gesät. Die Erbsen sind leicht eckig, schrumpelig, süß und zart und werden hauptsächlich zum Frischverzehr, Einkochen oder als Tiefkühlware genutzt. Mit der Ernte solltest du nicht zu lange warten. Überreife Körner können gut getrocknet und gelagert werden, leider werden diese allerdings beim Kochen nicht mehr weich. Beliebte Sorte: 'Wunder von Kelvedon'.
- **Pal- oder Schalerbsen** (*Pisum sativum* subsp. *sativum*): Diese sind groß, rund, glatt, leicht mehlig und weniger süß als die Markerbsen. Sie zeichnen sich durch einen hohen Stärkeanteil aus und eignen sich besonders gut zum Kochen (z.B. Erbsensuppe). Eine weitere Eigenschaft ist ihre hervorragende Lagerfähigkeit. Meine Lieblingssorten: 'Allerfrüheste Mai' und 'Kleine Rheinländerin' (nur 35 cm hoch, benötigt keine Stütze).
- **Zuckererbsen** (*Pisum sativum* subsp. *sativum* convar. *axiphium*): Zuckerschoten oder Kefen haben einen wunderbar süßlichen Geschmack. Sie werden frühzeitig geerntet und können direkt roh oder nur kurz blanchiert verspeist werden. Nach der Ernte sollten sie nicht zu lange liegen bleiben, denn schon nach ein bis zwei Tagen wandelt sich der Zucker in Stärke um und der Geschmack ändert sich.

Zwiebelgemüse

Die aromatischen Zwiebelgemüse sind die unterirdischen, essbaren Teile von Lauchgewächsen. Es gibt aber auch Laucharten, von denen die Blätter verzehrt werden.

LANGE GESCHICHTE

Verschiedene Arten der Gattung *Allium* wurden schon vor über 3000 Jahren kultiviert und schafften dank der Römer ihren Weg nach Mitteleuropa. Unsere Vorfahren nutzten Zwiebeln und Knoblauch nicht nur in der Küche. Ihnen waren bereits die vielseitigen Heilwirkungen bekannt. So wurde das Gemüse als entzündungs- und keimhemmendes Mittel in unterschiedlichen Anwendungen bei Augen- und Ohrenbeschwerden eingesetzt.

ARTENVIELFALT

Neben den verschiedenen Zwiebelarten, Knoblauch, Winterheckenzwiebel, Porée oder Lauch gehören auch Schnittlauch und Bärlauch dazu. Sie spielen dank ihres markanten und würzigen Geschmacks bei der Zubereitung von Speisen eine zentrale Rolle. Zwiebeln sind problemlos lagerfähig und ganzjährig verfügbar.

Zwiebel

Die Küchenzwiebel zählt zu den ältesten Kulturpflanzen der Welt. Wir unterscheiden Lauch- oder Frühlingszwiebeln, Schalotten und Gemüsezwiebeln.

Sämlinge

Stecken der Zwiebeln ab April ins Beet

STECKBRIEF

BOTANISCHER NAME: *Allium cepa*

FAMILIE: Amaryllisgewächse

LEBENSFORM: zweijährig

AUSSAAT IM FREIEN: Februar bis April

AUSPFLANZEN IM FREIEN: April bis Juni

PLATZBEDARF: 5 bis 10 x 25 cm

ERNTEZEIT: Juni bis September

ZWIEBELN STECKEN

Du hast die Wahl zwischen Aussaat ab Februar und Stecken der Zwiebeln ab April direkt ins Beet. Bereits im Februar kann etwa 1 bis 2 cm tief gesät werden. Die Sämlinge werden, sobald diese einige Zentimeter groß sind, vereinzelt. Zum Pflanzen der Steckzwiebeln nutze ich eine Pflanzschnur und mein Pflanzlineal. Dann wird die Pflanzreihe gerade und die Zwiebeln stehen alle im richtigen Abstand zueinander. Gesteckt wird so tief, dass die Spitze der Zwiebel noch zu sehen ist.

BODEN, PFLEGE & MISCHKULTUR

Zwiebeln haben keine besonderen Ansprüche an den Standort. Ein lockerer und nährstoffreicher Boden in sonniger Lage ist die beste Voraussetzung für einen erfolgreichen Anbau. Zur weiteren Pflege reicht es aus, die Erde unkrautfrei zu halten, zu hacken und bei Bedarf zu gießen. Zwiebeln eignen sich perfekt für die Schädlingsabwehr in einer Misch-

Küchenzwiebeln nach der Ernte trocknen lassen

Frühlingszwiebeln

kultur mit Möhren und Roter Bete: Der Geruch der Karotten hält die lästigen Zwiebelfliegen ab.

ERNTE & LAGERUNG

Die Schlotten der Zwiebeln kannst du als Würzmittel für Salatsaucen nutzen. Der Erntezeitpunkt für die Zwiebeln ist gekommen, wenn die Blätter eintrocknen und umknicken. Dann können diese bei einem lockeren Boden leicht aus der Erde gezogen werden oder man gräbt sie mit einem Spaten heraus. Zur Lagerung müssen sie vollkommen trocken sein. Entweder man lässt sie noch einige Tage auf dem Beet liegen bzw. man hängt die Zwiebeln zusammen mit den Blättern an einem geschützten Platz weiter zum Trocknen auf. Für die Aufbewahrung über einen längeren Zeitraum eignen sich Tontöpfe mit einem Deckel, nicht jedoch der Kühlschrank! Kartoffeln sollten nicht in ihrer Nähe gelagert werden, denn es besteht die Gefahr, dass Zwiebeln die Feuchtigkeit der Kartoffeln aufnehmen und faulen.

SORTENVIELFALT

Bei den Küchenzwiebeln werden gelbe und rote Sorten angebaut. Frühlingszwiebeln erntet man in einem sehr frühen Stadium und nutzt die gesamte Pflanze. Schalotten reifen frühzeitig im Jahr, sie sind kleiner als Küchenzwiebeln und haben eine länglich ovale Form.
Wenn du das Wurzelstück im Boden lässt, wächst die Zwiebel noch einmal nach.

WINTERHECKENZWIEBEL

Bei *Allium fistulosum* werden die Zwiebeln und vor allem die vitaminreichen Blätter über einen langen Zeitraum genutzt. Aus den kleinen Pflanzen bilden sich in wenigen Monaten mehrjährige, bis zu 60 cm hohe und auffallend schöne Stöcke. Wie der Name schon sagt, kann man mit diesen Zwiebeln tatsächlich kleine Hecken schaffen. Aus einer Kreuzung aus Winterheckenzwiebel und Küchenzwiebel sind Etagenzwiebeln entstanden. Sie bilden an den langen Trieben kleine, rötliche Luftzwiebeln aus.

Lauch

Lauch oder Porrée bildet keine Zwiebeln, sondern ein dichtes Wurzelwerk aus. Ernten kannst du die charakteristischen, weiß-grünen Stangen.

Lange Wurzeln einkürzen

AUSSAAT

Lauch solltest du generell in Anzuchtschalen oder Topfplatten vorziehen. Dies geht bereits ab Februar bei Zimmertemperaturen im Haus oder ab April, je nach Temperaturlage, im Freien. Damit du dir das Pikieren ersparen kannst, gibst du am besten nur ein bis zwei Samen in die Löcher der Platten oder säst sie mit genügend Abstand in die Schalen.

Mischkultur mit Möhren

STECKBRIEF

BOTANISCHER NAME: *Allium porrum*

FAMILIE: Amaryllisgewächse

LEBENSFORM: zweijährig

AUSSAAT UNTER GLAS / IM FREIEN: Februar bis April / April bis Juni

AUSPFLANZEN IM FREIEN: April bis August

PLATZBEDARF: 15 bis 20 x 25 bis 40 cm

ERNTEZEIT: 8 bis 12 Wochen nach der Pflanzung

ALS MISCHKULTURPARTNER EIGNEN SICH GANZ BESONDERS MÖHREN, SELLERIE, GURKEN, RETTICH UND KOHL.

LAUCH HAT WENIGE KALORIEN, DAFÜR ABER REICHLICH SCHWEFELHALTIGE, ÄTHERISCHE ÖLE, VITAMIN K, B6 UND C, INULIN UND BETACAROTINE.

Manschette für lange, weiße Schäfte

Schutz vor der Lauchfliege

Ernte bis im Winter möglich

AUSPFLANZEN & MISCHKULTUR

Der Sommerporrée kommt bis Mitte April, Herbstporrée bis Mitte Juni und Winterporrée bis Mitte August ins Freie. Zum Auspflanzen sollten die kleinen Pflanzen etwa bleistiftdick sein, das ist meist vier bis sechs Wochen nach der Aussaat der Fall. Die langen Wurzeln werden einige Zentimeter gekürzt. Setzpflanzen gibt es natürlich auch auf Wochenmärkten und in Gärtnereien zu kaufen. Mit einem Setzdorn oder Holzstab steche ich die Pflanzlöcher im Abstand von 15 cm etwa 10 bis 12 cm tief. Achte darauf, dass die Jungpflanzen gerade in den Boden kommen und keine Erde zwischen die Blattachseln gelangt. Wichtig ist, dass die jungen Pflanzen nun ausreichend angegossen werden.

BODENANSPRÜCHE, PFLEGE & DÜNGUNG

Zum Anbau von Lauch sollte der Boden locker, nährstoffreich und nicht zu trocken sein. Ideal ist es, wenn die Beete zuvor mit Kompost oder anderen organischen Düngern versorgt wurden. Für ein kräftiges Wachstum benötigt dieser Starkzehrer auch während der Kulturzeit eine zusätzliche Düngergabe. Um möglichst lange, weiße Schäfte zu erhalten, ist es notwendig, immer wieder Erde um die Pflanzen anzuhäufeln oder Manschetten zu nutzen. Das verhindert die Fotosynthese und der Stängel bleibt somit weiß. Das Gemüse wird leider gern von der Lauchfliege besucht. Einen Befall erkennst du an den Fraßgängen der Larven. Zum Schutz hilft am besten ein Gemüseschutznetz.

ERNTE & AUFBEWAHRUNG

Bei einem geschickten Anbau unterschiedlicher Sorten kannst du Lauch monatelang bis tief in den Winter frisch ernten. Die Kulturzeit von Pflanzung bis Ernte beträgt zwei bis drei Monate. Aus lockerer Erde können die Stangen herausgezogen oder einfacher mit dem Spaten geerntet werden. Wenn man bei den frühen Ernten den Porrée kurz über dem Boden abschneidet, wachst er nochmal nach. Im Kühlschrank kann man Lauch einige Tage aufbewahren, in kühlen Erdräumen und in Sand eingeschlagen auch längere Zeit. Eine weitere Alternative ist das Einfrieren: portionsweise klein geschnitten oder schon als fertig zubereitetes Gemüse.

Knoblauch

Wenn da nur nicht das Geruchsproblem wäre! Schau dir an, wie man ihn erfolgreich anbaut und welche Hausmittel den Geruch neutralisieren.

STECKBRIEF

BOTANISCHER NAME: *Allium sativum*

FAMILIE: Amaryllisgewächse

LEBENSFORM: einjährig

AUSPFLANZEN UNTER GLAS / IM FREIEN: Februar und März / Februar und März + September und Oktober

PLATZBEDARF: 10 x 20 cm

ERNTEZEIT: Juni bis Oktober

VERWENDE ZUM STECKEN KEINEN KNOBLAUCH AUS DEM SUPERMARKT: ER STAMMT AUS ANDEREN TEILEN DER ERDE UND IST VÖLLIG ANDERES KLIMA UND ANDERE BÖDEN GEWOHNT. NUTZE LIEBER HEIMISCHE UND BEWÄHRTE SORTEN UNSERER SAATGUTLIEFERANTEN.

Knoblauch mit der Spitze nach oben stecken

Ausplanzen von vorgezogenem Knoblauch

KNOBLAUCH STECKEN

Für das Stecken von Knoblauch direkt ins Beet gibt es zwei Zeiträume. Zum einen kannst du Zehen im September/Oktober stecken – sie wachsen zu Winterknoblauch heran. Frühlingsknoblauch wird im Februar/März gesteckt. Ich stecke die Zehen im Abstand von 10 cm in einer Reihe, etwa 5 cm tief mit der Spitze nach oben. Eine Anzucht in Töpfen ist ebenfalls möglich. Hierzu steckst du jeweils eine Zehe in einen Topf. Du kannst die Zehen mit dem jungen Spross ins Beet setzen, sobald dieser einige Zentimeter gewachsen ist.

BODEN

Ein sonniger Standort mit einem durchlässigen, humusreichen und gut mit Nährstoffen versorgten Boden schafft ideale Bedingung. Meiden solltest du staunasse Böden, in denen die Zehen schnell zu faulen beginnen. In Mischkultur mit Tomaten,

IN DER KÜCHE

Knoblauch gilt mit seinen zahlreichen Wirkstoffen als eines der gesündesten Gemüse. Er wirkt positiv auf unser Herz-Kreislauf-System, leicht blutverdünnend und blutdrucksenkend und senkt die Fett- und Cholesterinwerte. Außerdem bekämpft Knoblauch Viren, Bakterien und Pilze. Wem der Geruch zu aufdringlich ist, der kann ihn schon durch die Zubereitung etwas abmildern. Beim Zerquetschen werden nahezu alle Zellen zerstört und dementsprechend die Gerüche frei. Schneidet man ihn, riecht er nicht so intensiv. Getrocknet verliert Knoblauch leider teilweise sein Aroma und den typischen Geschmack. Die Stoffe, die diesen berühmt-berüchtigten Geruch verursachen, sind das ätherische Öl Allicin sowie Ajoen. Diese entstehen, sobald die Zellwände beschädigt werden.

Ernte, wenn das Laub größtenteils gelb-braun ist!

Zum Nachtrocknen an einem luftigen Ort aufhängen

EINE BELIEBTE METHODE, UM DEN GERUCH NACH DEM ESSEN ZU NEUTRALISIEREN, IST DAS KAUEN VON KARDAMOM, KAFFEEBOHNEN, PETERSILIE, SALBEI, MINZE ODER INGWER. ICH NEHME ABER LIEBER EINEN KAUGUMMI MIT PFEFFERMINZGESCHMACK. FÜR DIE HÄNDE HILFT DAS EINREIBEN MIT SALZWASSER ODER KAFFEESATZ. EIN VERSUCH IST ES ALLEMAL WERT!

Erdbeeren oder Möhren und nicht in der Nähe von Zwiebeln und Lauch – wegen der gleichen Schädlinge – fühlt sich Knoblauch besonders wohl.

ERNTE & LAGERUNG

Wenn das Laub zum größten Teil gelbbraun geworden ist, ist er erntereif. Entweder zieht man den Knoblauch behutsam aus dem Boden oder man hebt ihn vorsichtig mit einem Spaten oder einer Grabegabel an. Zum Nachtrocknen kannst du ihn noch für einige Tage auf dem Beet liegen lassen, in luftigen Körben lagern bzw. zu dekorativen Zöpfen geflochten an einem trockenen Ort aufhängen. Getrockneter Knoblauch kann monatelang kühl und trocken gelagert werden.

Kräuter für's Gemüsebeet

Kräuter gehören einfach in jeden Gemüsegarten. Ob am Rand der Beete, als Mischkultur gepflanzt oder in einem separaten Kräutergärtchen.

GEMEINSAM SIND WIR STARK

Kräuter und Gemüse ergänzen sich sowohl optisch als auch bei der Schädlingsbekämpfung. So passt Basilikum z.B. ausgezeichnet zu Tomaten, Gurken, Paprika, Zucchini oder Fenchel. Zum einen werden durch die Kräuterblüten Insekten zur Bestäubung der Gemüse angelockt, zum anderen Vertreiben die aromatischen Düfte aufdringliche Schädlinge. Die wunderschönen Ringelblumen passen fast zu allen Gemüsearten und wirken vor allem gegen Fadenwürmer. Was genau zu welchem Gemüse passt, kannst du der großen Tabelle in der hinteren Buchklappe entnehmen.

MEIN KLEINES PARADIES

Nimm dir etwas Zeit, um den optimalen Standort der Kräuter zu planen. Beachte vor allem die Größenangaben auf den Pflanzetiketten. Man kann sich bei der Pflanzung schwer vorstellen, dass aus kleinen Salbei- oder Rosmarinpflänzchen stattliche Exemplare werden.

Die Klassiker

Petersilie, Schnittlauch, Dill & Co. sind echte Klassiker und dürfen in keinem Gemüsegarten fehlen. Der Anbau gelingt problemlos direkt im Beet genauso wie im Kübel.

Petersilie

Schnittlauch

SOWOHL DIE BLÄTTER ALS AUCH DIE BLÜTEN UND SAMEN SIND ESSBAR.

Dill

PETERSILIE

Dieses Gewürzkraut gibt es mit gekrausten und glatten Blättern. Für ein optimales Wachstum benötigt Petersilie einen humusreichen, lockeren und durchlässigen Boden. Bereits ab Februar kannst du auf der Fensterbank oder ab April (bis September) im Freien mit der Aussaat beginnen: 1 bis 2 cm tief. Bis sich die ersten Keimlinge zeigen, musst du etwas Geduld aufbringen. Einfacher geht das Ganze, wenn du schon vorgezogene Pflanzen kaufst und auspflanzt. Damit die Petersilie buschig wächst, ist es wichtig, Blätter mit dem Stiel nahe am Boden zu ernten. Dadurch wird die Entwicklung neuer Triebe angeregt.

SCHNITTLAUCH

Mit zum ersten Frühlingsgrün gehören die frischen Triebe des Schnittlauchs, die sich sogar schon durch den Schnee schieben. Die Samen können von März bis September an Ort und Stelle ausgesät werden oder du kaufst vorgezogene Pflanzen. Größere Wurzelballen lassen sich einfach teilen. Die Ansprüche an den Boden sind identisch mit denen von Petersilie. Es gibt ihn mit Blüten in verschiedenen Rosatönen oder in Weiß – die sind übrigens auch essbar. Der Insektenmagnet wächst in Pflanzgefäßen, als farbenprächtige Solitärpflanze, als Randbepflanzung in Gemüsebeeten oder als Mischkultur zwischen Gurken, Tomaten, Kopfsalat, Möhren oder Pastinaken.

Kerbel

Koriander

Bohnenkraut

DILL

Von März bis April ist die beste Zeit, um Dill anzusäen – gezielt in Saatreihen oder breitwürfig auf dem Beet. Denke aber daran, dass die Pflanzen bis zu 1,50 m groß werden können. Normaler, nicht verdichteter Gartenboden und eine gleichmäßige Wasserversorgung reichen diesem Gewürzkraut vollkommen aus. Dill ist eine beliebte Bereicherung für Gurkengerichte, daher stammt auch sein zweiter Name „Gurkenkraut". Der einjährige Dill lässt sich auch in Kübeln anbauen.

KERBEL

Der süßlich-aromatische Geschmack dieser einjährigen Würz- und Heilpflanze erinnert an Anis oder Fenchel. Als Lichtkeimer dürfen die Samen nicht mit Erde bedeckt werden. Sie können sowohl ab März, geschützt in Gefäßen, oder ab Anfang April direkt im Freien ausgesät werden. Ich säe Kerbel gern in der Nähe von Salat, denn durch seinen markanten Geruch vertreibt er Schnecken, Blattläuse und Ameisen. Die jungen Blätter werden nicht mitgekocht, sondern frischt gehackt bzw. kleingeschnitten zu Salaten, Suppen, Eierspeisen, Fischgerichten und Pesto gegeben oder in einer leckeren Kräuterbutter verarbeitet.

KORIANDER

Man mag ihn – oder man mag ihn nicht! Seit Tausenden von Jahren wird dieses Heil- und Würzkraut mit seinem markanten, herb-süßlichen Geschmack bereits angebaut und ist heute ein fester Bestandteil der asiatischen und südamerikanischen Küche. Ab Ende März kannst du mit der Aussaat im Freien unter einem schützenden Vlies bzw. im Frühbeet starten. Verwendet werden neben den frischen und getrockneten Blättern auch die würzigen Samen.

BOHNENKRAUT

Der Name verrät es schon. Bohnenkraut passt sowohl beim Anbau als auch später in der Küche zu Bohnen. Neben dem einjährigen Sommer-Bohnenkraut, das jedes Jahr neu ausgesät werden muss, gibt es übrigens auch ein mehrjähriges Winter- oder Berg-Bohnenkraut. Die Aussaat im Freien erfolgt erst, wenn der Boden frostfrei ist. Die Samen sollten nur ein Jahr alt sein, denn älteres Saatgut keimt meist nicht mehr. Probiere es ruhig mal aus, die Blätter auch zu anderen Speisen als zu Bohnen zu verwenden oder in Form von einem verdauungsfördernden Tee (zwei Löffel getrocknetes Kraut pro Tasse).

DIREKT IM BEET ANGEBAUT IST KORIANDER EIN GUTER NACHBAR FÜR KOHLPFLANZEN, DA SEIN AROMA KOHLWEISSLINGE UND KOHLBLATTLÄUSE ABWEHRT.

Mediterrane Küchenkräuter

Die Südländer sind sehr wärmeliebend. Sie benötigen einen sonnigen, trockenen, kargen und nährstoffarmen Platz im Garten. Als Lichtkeimer dürfen sie bei der Aussaat nicht mit Erde bedeckt werden.

BASILIKUM

Wenn du dieses sonnenverliebte Küchenkraut selbst anbauen möchtest, kannst du entweder die Samen oder praktische Saatscheiben nutzen. Fülle einen 11er-Topf fast bis zum Rand mit Aussaaterde, drücke diese fest an und wässere sie gründlich. Hierauf streust du ca. zehn Samen. Damit diese schneller und sicher keimen, kannst du eine Frischhaltefolie darüberspannen. Nach drei bis vier Wochen sind die Sämlinge groß genug, um vereinzelt zu werden. Entweder pflanzt du sie wieder in einen Topf oder ab Ende Mai direkt ins Freie.

Basilikum

Thymian

THYMIAN

Du kannst Thymian als Jungpflanze kaufen, alte Stöcke teilen, über Stecklinge und Absenker vermehren oder aussäen. Die Anzucht ab März funktioniert genauso wie beim Basilikum. Nach zwei Wochen keimen die Samen, weitere 14 Tage später kannst du sie pikieren und nach weiteren zwei Wochen nach draußen ins Beet oder einen Topf pflanzen – am wohlsten fühlt er sich in kalkhaltigem und lockerem Boden. Es gibt sowohl kriechende als auch aufrecht wachsende Sorten. Die Unterschiede der über 200 verschiedenen Sorten sind, neben der Wuchsform, vor allem die Blütenfarbe und das Aroma.

Majoran und Oregano

OREGANO UND MAJORAN

Der mehrjährige, winterharte Oregano und der einjährige Majoran sind nah verwandt. Sie werden wie Thymian angebaut und locken wie dieser zur Blütezeit zahlreiche Insekten an. Im Frühjahr schneidest du die Oregano-Pflanzen auf etwa Handbreite zurück. Du kannst neben den Blättern auch die aromatischeren Blüten verwenden. Gern nutze ich die beiden getrocknet, in einer Gewürzmischung mit anderen Kräutern.

SALBEI

Seine heilenden Eigenschaften bei Entzündungen im Mund- und Rachenraum, Husten, Halsschmerzen, Zahnfleischentzündungen sowie bei Magen- und Darmbeschwerden waren schon unseren Vorfahren bestens bekannt. In der Küche werden besonders mediterrane Speisen mit Salbeiblättern verfeinert. Salbei stellt keine besonderen Ansprüche an seinen Platz, Hauptsache sonnig und im besten Fall kalkhaltig. Unterschätze nicht die Größe, die Salbei erreichen kann, wenn es ihm am Standort gefällt. Er kann im Beet leicht 1 m^2 füllen. Im Kübel bleibt er natürlich kleiner.

DU FINDEST AUF GARTENMÄRKTEN UND IN GÄRTNEREIEN EINE REICHE AUSWAHL AN SORTEN: SIE UNTERSCHEIDEN SICH IN BLATT- UND BLÜTENFARBE, GRÖSSE UND WINTERHÄRTE.

Salbei

Rosmarin

ROSMARIN

Die Heimat dieses Lippenblütlers ist der Mittelmeerraum. Hier wurde er bereits von den Griechen, Römern und Ägyptern sehr geschätzt. Damit der Halbstrauch gut wachsen kann, solltest du ihm einen sonnigen, windgeschützten und ausreichend großen Platz, 80 x 80 cm, oder Kübel zur Verfügung stellen. Was er nicht mag, sind schwere Böden und Staunässe. Eine empfehlenswerte winterharte Sorte ist 'Veitshöchheim'. Verwenden kannst du ganzjährig frische oder getrocknete Blätter zum Würzen (z.B. für Ofenkartoffeln, Fleischgerichte) oder zur Herstellung eines Kräuteröls. Rosmarin hilft gegen Blahungen und Völlegefühl.

BORRETSCH

Ebenfalls aus wärmeren Gefilden stammt der bis zu 90 cm große Borretsch, der gern einen sonnigen oder halbschattigen und windgeschützten Platz im Garten zum Wachsen mag.

Borretsch

Borretsch kannst du von April bis Juni direkt an Ort und Stelle säen. Nach meiner Erfahrung sät sich dieses Gewürzkraut immer wieder neu aus. Ab Mai kannst du dann die Blätter ernten. Entweder kannst du diese einfach mit den Fingern abknipsen oder mit einer Schere bzw. einem Messer abscheiden. Nutzen kannst du die jungen Blätter in kleinen Mengen überall, wo ein Gurkenaroma erwünscht ist, z.B. in Salaten, Quark, Kräuterbutter oder Dips. Die wunderschönen, blauen Blüten sind ebenfalls essbar und können deine Speisen optisch bereichern.

DASS BORRETSCH EIN RAUBLATTGEWÄCHS IST WIRST DU SCHNELL FESTSTELLEN, WENN DU VORSICHTIG ÜBER SEINE BLÄTTER STREIFST. EIN ANDERER NAME IST GURKENKRAUT, WAS AUCH VERSTÄNDLICH IST, DA SEIN GESCHMACK TATSÄCHLICH AN GURKEN ERINNERT.

Die Großen

Hier möchte ich dir noch ein paar wahre Größen unter den Küchenkräutern vorstellen – eine Pflanze reicht im Garten. Dementsprechend groß ist der erforderliche Platzbedarf.

Estragon

Liebstöckel

ESTRAGON

Unentbehrlich ist Estragon vor allem in Frankreichs Küche: für Saucen, Fleisch- und Eiergerichte sowie für die Käsezubereitung. Aussaat und Pflanzzeit erfolgt von April bis Mai. Die Samen dürfen nicht mit Erde bedeckt werden, da Estragon ein Lichtkeimer ist. Die mehrjährigen, winterharten Pflanzen wachsen an sonnigen und nährstoffreichen Standorten bis zu 1,50 m in die Höhe. Somit reicht es üblicherweise, eine staatliche Pflanze zu kultivieren, sie passt gut neben Thymian.

LIEBSTÖCKEL

Das beliebte Würzkraut ist mehrjährig und winterhart. Wenn du in deinem Garten sonnigen, kalkhaltigen und nährstoffreichen Platz hast, kann die Pflanze im Laufe einiger Jahre bis zu 2,50 m in die Höhe wachsen. Hierfür benötigt sie eine gute Wasserversorgung und gelegentlich eine Düngergabe. Die Staude kann vorgezogen oder im Topf gekauft werden. Mit den jungen Blättern und Samen lassen sich Fleischgerichte, Suppen, Eintöpfe und Eiergerichte verfeinern.

SEIN ZWEITER NAME IST MAGGIKRAUT. KEIN WUNDER, DENN GENAUSO RIECHT ER.

BEIFUSS

Viele Menschen kennen Beifuß als Würzzugabe zum fetten Weihnachts- oder Osterbraten. Die enthaltenen Bitterstoffe regen die Bildung von Magensaft und Gallenflüssigkeit an und unterstützen den Verdauungsvorgang. Für Allergiker ist Vorsicht geboten: Seine Pollen können allergische Reaktionen verursachen. Beifuß ist anspruchslos und kommt mit fast jeden Boden zurecht. Ab Februar kannst du Beifuß im Haus, ab April im Freien aussäen oder Jungpflanzen kaufen.

Beifuß

Teekräuter

Diese drei Kräuter sind weniger für die Küche, als vielmehr für leckere und heilsame Tees geeignet. Beim Anbau gibt es einiges zu beachten.

EIN TEE AUS DEN GETROCKNETEN BLÄTTERN WIRKT BERUHIGEND UND FÖRDERT DIE VERDAUUNG.

PFEFFERMINZE

Wer gern aromatische Minzen anbauen möchte, hat die Möglichkeit, unter vielen Geschmacksvariationen zu wählen. Schoko, Banane, Orange oder Lemon – um nur einige wenige Sorten zu nennen. Minzen sind winterhart und stellen keine großen Ansprüche an den Boden. Du kannst sie aussäen und über Wurzelausläufer oder Stecklinge vermehren. Gleich zu Beginn solltest du die Wurzeln in ihre Schranken weisen, indem du die Pflanzen in Gefäße setzt. Sonst wirst du in einigen Wochen auch weiter entfernt junge Triebe sprießen sehen.

Pfefferminze

ZITRONENVERBENE

Die Pflanze verströmt einen betörenden Zitronenduft. Anbauen kannst du sie in Töpfen oder in den Sommermonaten direkt im Beet. Die Pflanze ist nicht frosthart und muss in frostfreien Räumen überwintert werden. Da die Aussaat nicht immer funktioniert, würde ich dir empfehlen, Jungpflanzen zu kaufen oder von schon vorhandenen Pflanzen ca. 15 cm lange Stecklinge zu schneiden. Diese steckst du in Aussaaterde und umhüllst den Topf mit einer Folie, bis sich Wurzeln gebildet haben und die Stecklinge frische grüne Blätter zeigen.

Zitronenverbene

Zitronenmelisse

ZITRONENMELISSE

Melisse wächst in größeren Töpfen genauso wie im Beet. Ein sonniger bis halbschattiger Platz in normalem Gartenboden genügen der winterharten und wüchsigen Zitronenmelisse vollkommen aus. Die Aussaat des Lichtkeimers kann bereits ab Februar im Haus erfolgen, nach den Eisheiligen dürfen die kleinen Pflanzen dann an ihren endgültigen Platz gesetzt werden. Normalerweise reicht aber eine Pflanze im Garten aus – Jungpflanzen werden im Frühjahr in Gärtnereien und Gartencentern angeboten.

SERVICE

BUCHTIPPS

Amthor, Jürgen und Krieger, Werner:
Wunderbare Welt mit effektiven Mikroorganismen.
Eigenverlag

Brehm, Rudolf und Kretschmann, Kurt:
Mulch total. Ein Weg in die Zukunft.
OLV Verlag

Diez, Otmar:
Es geht auch einfach! Gärtnern für Selbstversorger mit wenig Zeit und wenig Platz.

Grieb, Ortrud:
Wer kann mit wem im Beet? Die besten Partner – pflegeleicht & ökologisch

Hammes, Ernst und van den Höövel, Gisela:
EM Lösungen Haus und Garten.
VE Edition

Storl, Wolf-Dieter:
Der Selbstversorger: Mein Gartenwissen.
Gräfe und Unzer

Schwester Christa Weinrich OSB:
Geheimnisse aus dem Klostergarten.
Kosmos

Schwester Christa Weinrich OSB:
Mischkultur im Hobbygarten.
Ulmer

NÜTZLICHE ADRESSEN

Saatgut
www.arche-noah.at
www.bingenheimer-saatgut.de
www.dreschflegel-saatgut.de

Gartenpraxis-Tipps
www.derkleinegarten.de
www.gartenjournal.net
www.gartenratgeber.net
www.mein-schoener-garten.de
www.plantura.garden
www.wurzelwerk.net

Nützliches für Haus und Garten
www.abtei-fulda.de
www.keimling.de
www.klostermanufaktur.de (Rahmenbeete)
www.kupfer-anton.de
www.manufactum.de

Effektive Mikroorganismen
www.bio-bahnhof.de
www.em-chiemgau.de
www.em-kaufhaus.de
www.em-sued.de
www.em-ug.de
www.emiko.de
www.multikraft.com

Bodenuntersuchungen
www.agrolab.com
www.bodengesundheitsdienst.de
www.institut-nuss.de

REGISTER

BILDNACHWEIS

Mit 241 Farbfotos von
Mauritius Images/Alamy/Denis Crawford: 24 (Kreis); /**Julia Thymia:** 22 re.; **Shutterstock/Proshkin Aleksandr:** 41 (Kreis); **Otmar Diez, Sulzthal:** alle übrigen;

IMPRESSUM

Umschlaggestaltung von Gramisci Editorialdesign/Stefanie Wawer unter Verwendung von 15 Farbfotos von Otmar Diez, Sulzthal.

Mit 256 Farbfotos.

Alle Angaben in diesem Buch sind sorgfältig geprüft und geben den neuesten Wissensstand bei der Veröffentlichung wieder. Da sich das Wissen aber laufend weiterentwickelt, muss jeder Anwender prüfen, ob die Angaben nicht durch neuere Erkenntnisse überholt sind. Dazu muss er zum Beispiel Beipackzettel zu Dünge-, Pflanzenschutz- bzw. Pflanzenpflegemitteln lesen und genau befolgen sowie Gebrauchsanweisungen und Gesetze beachten. Die angegebenen Wuchshöhen und -breiten der Pflanzen sowie Monatsangaben sind Mittelwerte. Sie können je nach Nährstoffgehalt des Bodens und Region variieren.

Bei den genannten Personenbezeichnungen wird jeweils nur die männliche Form, zum Beispiel Gärtner statt Gärtner*in, verwendet. Das Buch wird dadurch leichter lesbar. Bitte habe dafür Verständnis.

Unser gesamtes Programm findest du unter **kosmos.de**. Über Neuigkeiten informieren dich regelmäßig unsere Newsletter, einfach anmelden unter **kosmos.de/newsletter**

MIX Papier aus verantwortungsvollen Quellen FSC® C004592

Gedruckt auf umweltfreundlichem Papier, klimaneutral hergestellt.

greenprint* klimapositiv gedruckt

Gedruckt nach der Richtlinie „Druckerzeugnisse" des Österreichischen Umweltzeichens. gugler*print, Melk, UWZ-Nr. 609, www.gugler.at

PurePrint®
innovated by gugler* DruckSinn
Gesund. Rückstandsfrei. Klimapositiv.
drucksinn.at

Pfizerstraße 5–7
70184 Stuttgart

ISBN 978-3-440-17123-3

Projektleitung: Carolin Küßner
Redaktion: Carolin Küßner
Bildredaktion: Carolin Küßner
Gestaltungskonzept: Gramisci Editorialdesign/Cornelia Sekulin, München
Gestaltung und Satz: Daniela Petrini, A-Reutte
Produktion: Klaus Jost
Druck und Bindung: Gugler GmbH, Melk
Printed in Austria / Imprimé en Autriche

GEMÜSE-ANBAU: ALLES AUF EINEN BLICK

Gemüseart	Nährstoff-bedarf	Gute Nachbarn
Asia-Salate	Mittelzehrer	Kopf- oder Pfücksalat, Tagetes
Aubergine	Mittelzehrer	Kohlarten, Ringelblumen, Salat, Spinat
Blumenkohl	Starkzehrer	Buschbohnen, Endivie, Erbsen, Mangold, Möhren, Salat, Sellerie, Spinat, Tomaten
Brokkoli	Starkzehrer	Buschbohnen, Endivie, Erbsen, Mangold, Möhren, Salat, Sellerie, Spinat, Tomaten
Buschbohnen	Schwachzehrer	Bohnenkraut, Borretsch, Dill, Erdbeeren, Gurken, Kohlarten, Mangold, Radieschen, Rote Bete, Sellerie, Tomaten
Chinakohl	Starkzehrer	Bohnen, Erbsen, Kohlrabi, Spinat
Endivie	Mittelzehrer	Fenchel, Kohlarten, Lauch, Möhren
Erbsen	Schwachzehrer	Dill, Gurken, Kohlarten, Möhren, Radieschen, Rettich, Salat, Spinat
Feldsalat	Mittelzehrer	Endivie, Erdbeere, Kohlrabi, Radieschen, Ringelblumen, Winterportulak, Zwiebeln
Grünkohl	Starkzehrer	Buschbohnen, Endivie, Erbsen, Mangold, Möhren, Salat, Sellerie, Spinat, Tomaten
Gurken	Starkzehrer	Basilikum, Erbsen, Stangenbohnen, Dill, Knollenfenchel, Kohlarten, Sellerie, Spinat, Salat, Zwiebeln
Kartoffeln	Starkzehrer	Borretsch, Kohl (frühe Sorten), Spinat
Knoblauch	Mittelzehrer	Erdbeeren, Gurken, Möhren, Tomaten
Knollenfenchel	Mittelzehrer	Blumenkohl, Gurken, Radieschen, Salat
Knollensellerie	Starkzehrer	Bohnen, Kohlarten, Lauch, Pastinake, Spinat, Tomaten, Zwiebeln
Kohlrabi	Mittelzehrer	Bohnen, Erbsen, Erdbeeren, Gurken, Lauch, Rote Bete, Salat, Spinat, Tomaten, Sellerie
Kopfsalat	Mittelzehrer	Bohnen, Borretsch, Dill, Erbsen, Gurken, Kohlrabi, Kohl, Radieschen, Rettich, Spinat, Tomaten
Kürbis	Starkzehrer	keine, da Kürbis viel Platz benötigt
Lauch	Starkzehrer	Erdbeeren, Gurken, Knoblauch, Kohlarten, Möhren, Pastinake, Rettich, Sellerie
Mangold	Mittelzehrer	Buschbohnen, Knollenfenchel, Kohlarten, Möhren, Radieschen, Rettich, Salat, Zwiebeln
Möhren, Karotten	Mittelzehrer	Endivie, Erbsen, Dill, Knoblauch, Kohlarten, Lauch, Radieschen, Rettich, Rote Bete, Salat, Tomaten, Zwiebeln
Pak Choi	Starkzehrer	Bohnen, Erbsen, Kohlrabi, Spinat
Paprika	Starkzehrer	Kohlarten, Petersilie, Ringelblumen
Pastinake	Mittelzehrer	Kartoffeln, Radieschen, Rote Bete, Salat, Sellerie, Spinat
Radicchio	Schwachzehrer	Bohnen, Dill, Knollenfenchel, Kohlarten, Radieschen, Tomaten, Zwiebeln
Radieschen	Schwachzehrer	Bohnen, Erbsen, Erdbeeren, Möhren, Salat, Tomaten
Rettich	Schwachzehrer	Bohnen, Erbsen, Erdbeeren, Möhren, Salat, Tomaten
Rosenkohl	Starkzehrer	Buschbohnen, Endivie, Erbsen, Mangold, Möhren, Salat, Sellerie, Spinat, Tomaten
Rot- und Weißkohl, Wirsing	Starkzehrer	Buschbohnen, Endivie, Erbsen, Mangold, Möhren, Salat, Sellerie, Spinat, Tomaten
Rote Bete	Mittelzehrer	Bohnen, Bohnenkraut, Dill, Gurken, Kohlrabi, Möhren, Pastinake, Salat, Zwiebeln
Rüben (Mai- und Herbstrüben)	Mittelzehrer	Buschbohnen, Erbsen, Dill, Salat, Mangold
Rucola	Schwachzehrer	Ringelblumen, Salat, Sellerie, Zwiebeln
Spinat	Mittelzehrer	Bohnen, Erbsen, Erdbeeren, Kohlarten, Pastinake, Radieschen, Rettich, Salat, Tomaten, Zwiebeln
Stangenbohnen	Schwachzehrer	Bohnenkraut, Dill, Gurken, Ringelblumen, Rote Bete, Rüben, Salat, Sellerie, Spinat
Stangensellerie	Starkzehrer	Bohnen, Kohlarten, Lauch, Pastinake, Spinat, Tomaten, Zwiebel
Tomaten	Starkzehrer	Basilikum, Bohnen, Knoblauch, Kohlarten, Möhren, Lauch, Petersilie, Salat, Sellerie, Spinat, Zwiebeln
Zucchini	Starkzehrer	Basilikum, Bohnen, Zwiebeln
Zwiebeln	Mittelzehrer	Dill, Erdbeeren, Gurken, Knoblauch, Mangold, Möhren, Rote Bete, Salat, Tomaten, Sellerie